위대한 발견의 진실

위대한 발견의 진실

Les Grandes Découvertes à Petits Pas

1판 1쇄 | 2015년 7월 20일

글 | 소피 라무뢰
그림 | 벵자맹 르포르
옮김 | 이지원

펴낸이 | 박현진
펴낸곳 | (주)풀과바람

주소 | 경기도 파주시 광인사길 71(문발동, 파주출판도시)
전화 | **031) 955-1515~6**
팩스 | **031) 955-1517**

출판등록 | **2000년 4월 24일 제20-328호**
홈페이지 | **www.grassandwind.com**
전자우편 | **grassandwind@hanmail.net**

편집 | 이영란
디자인 | 인디나인
마케팅 | 이승민

값 **10,000원**
ISBN 978-89-8389-608-7 73920

Original Title : Les Grandes Découvertes à Petits Pas
Written by Sophie Lamoureux
Illustrated by Benjamin Lefort

ⓒ **Actes Sud, France, 2013**
Korean Translation Copyright ⓒ 2015 by GrassandWind Publishing All rights reserved

Korean edition was published by arrangement with Actes Sud S.A., through THE Agency.

이 책의 한국어판 저작권은 더에이전시를 통한 프랑스 Actes Sud S.A.사와의 독점 계약으로 (주)풀과바람에 있습니다.
신 저작권법에 의해 한국 내에서 보호를 받는 저작물이므로 무단 전재와 복제를 금합니다.

※ 잘못 만들어진 책은 구입처에서 바꾸어 드립니다.

「이 도서의 국립중앙도서관 출판예정도서목록(CIP)은 서지정보유통지원시스템 홈페이지(http://seoji.nl.go.kr)와
국가자료공동목록시스템((http://www.nl.go.kr/kolisnet)에서 이용하실 수 있습니다. (CIP제어번호: CIP2015015980)」

위대한 발견의 진실

글 소피 라무뢰 | 그림 벵자맹 르포르 | 옮김 이지원

풀과바람

차례

1. 위대한 발견이 뭘까요? _8

2. 위대한 발견 이전의 지구 _10

3. 14세기 이전의 위대한 탐험가들 _12

4. 포르투갈과 에스파냐 간의 해상 격돌 _16

5. 대담한 왕자 _20

6. 캐러벨선과 개량선 _22

7. 갑판에서 _24

8. 뱃머리 고수하기 _28

9. 바람 덕택에 _30

10. 바르톨로메우 디아스 : 아프리카 지도를 새로 그리다 _34

11. 바스쿠 다가마, 캘리컷에 도착하다! _36

12. 위대한 탐험가의 탄생 _40

13. 신세계의 발견 _43

14. 콜럼버스, 세 번 더 여행을 떠나다 _47

15. 콜럼버스와 바스쿠 다가마의 뒤를 이어서 _52

16. 마젤란의 세계 여행 _55

17. 영국과 프랑스의 뒤늦은 행보 _62

18. 16세기 강대국 포르투갈과 에스파냐 _64

19. 격렬해진 식민지 쟁취 _66

20. 문명의 파괴 _68

21. 노예 제도의 확립 _72

22. 변모하는 유럽 _76

23. 유럽의 상인들 _80

〈위대한 발견의 진실〉 관련 퀴즈_84

위대한 발견이 뭘까요?

위대한 발견은 15~16세기(백 년을 세는 단위. 예를 들어 15세기는 1401~1500년)에 있었던 유럽인들의 신대륙 발견을 말해요. 그리고 100년이 채 되지 않아, 4배나 더 큰 세계가 모습을 드러냈어요. 신대륙 발견이 세계관을 송두리째 바꾼 거예요.

왜 '위대한' 발견인가요?

세상에 알려지지 않은 것을 처음으로 찾아냈을 때 우리는 '발견'이라고 해요. 사실 '위대한 발견'이란 말은 신대륙 발견이 있고 300년 뒤, 19세기 무렵 이루어진 과학 분야의 수많은 발견과 구별하기 위해 붙여졌어요.

위대한 발견에 대해서는 바다를 빼놓고 이야기할 수 없어요. 신대륙 탐험이 배를 통해 이루어졌다는 뜻이에요. 그전까지만 해도 미지의 세계를 향한 호기심 앞에 바다는 거대한 장애물이었어요.

크리스토퍼 콜럼버스의 달걀

크리스토퍼 콜럼버스, 바스쿠 다가마, 그리고 페르디난드 마젤란이라는 탐험가들이 있어요. 이들이 바다 너머에 신대륙이 있지 않을까, 고민하지 않았더라면 사실 누구도 모험을 떠날 생각을 할 수 없었을 거예요.

유명한 이야기가 있어요. 어느 연회에서 누구라도 대서양을 건널 수 있었을 거라는 질투 어린 말에, 콜럼버스는 삶은 달걀을 집어 들고 누구든지 이것을 똑바로 세워 보라고 맞서요. 하지만 아무도 그의 제안을 성공시키지 못했죠. 콜럼버스는 탁자의 뾰족한 부분으로 움켜진 달걀의 끝을 깨뜨려 탁자 위에 똑바로 달걀을 세운 뒤 외쳤어요. "단순하게 생각해, 그것으로도 충분해!"

누구를 위한 위대한 발견이었나요?

아프리카, 아시아, 아메리카에 살던 원주민들은 유럽인들이 자신들의 땅을 발견하리라고 예상하지 못했어요. '위대한 발견'이란 유럽인들의 해석인 셈이에요. 그 결과로 원주민들에게도 극적인 상황이 닥쳤어요.

위대한 발견 이전의 지구

위대한 발견이 일어난 당시는, 여행과 탐험에 속도가 붙었던 때였어요. 하지만 이와 관련한 모든 발견이 그 시기에만 일어났던 것은 아니에요.

지구는 어떻게 생겼나요?

중세 시대 사람들은 지구가 탁자처럼 평평하다고 생각했어요. 하지만 그리스·로마 시대 학자들은 이미 지구가 공처럼 둥글다고 믿었어요. 철학자 **파르메니데스, 플라톤,** 그리고 **아리스토텔레스**는 이 사실을 정확하게 표현했어요. **에라토스테네스**는 5000킬로미터 정도의 적은 오차로 지구의 둘레를 계산하기도 했어요.

달에 비친 그림자

이들은 세계 일주를 한 적도 없었고, 우주여행으로 지구의 모습을 본 것도 아니에요. 그렇다면 어떻게 지구가 둥글다고 생각했을까요? 바로 일월식 관측 때문이었어요. 월식을 통해 그들은 달에 비친 지구의 그림자를 볼 수 있었죠. 일식이 일어날 때 지면에 비치는 그림자 형태를 관찰했으며, 위도(지구의 남북을 가르는 선)에 따라서 변하는 낮의 길이로도 지구의 형태를 짐작할 수 있었어요.

알고 있나요?

위대한 발견이 있던 시대에 사람들이 지구가 평평하다고 생각하지 않았다면, 그들은 지동설이 아닌 태양이 지구 주변을 돈다는 천동설을 믿었을 거예요. 지구가 태양 주위를 돈다는 지동설은 1543년 코페르니쿠스가 처음으로 주장했어요. 이후 갈릴레이(1564~1642)도 옹호했는데, 그는 지동설을 믿는다는 이유로 교회로부터 유죄 선고를 받았어요.

콜럼버스 이전 시대에는 몰랐던 사실

대서양과 인도양이 서로 얼마나 인접한지 아프리카 남단의 카나리아 제도와 어느 곳이 유사한지 콜럼버스 이전 시대 사람들은 알지 못했어요. 지도에서 아시아의 크기가 동쪽으로 갈수록 과장되어 있었기 때문이에요. 그래서 크리스토퍼 콜럼버스는 서쪽으로 가면 땅끝으로 갈 수 있다고 생각했어요. 사람들은 오세아니아와 남극의 존재에 대해서도 아는 것이 없었죠. 이 대륙은 19세기에 이르러 세상에 알려졌어요.

활발했던 교류

당시 유럽에서는 교역이 이미 중요한 위치를 차지했어요. 유럽 나라들 간은 물론이고 해외와의 교역도 중요했어요. 귀중한 직물과 동방국의 향신료들은 온 유럽에 유통되었으며, 아프리카에서 채취한 금이 영국에 와서 현금화되기도 했지요.

14세기 이전의 위대한 탐험가들

인간의 호기심이 미지의 세계로 향하는 원동력이 된 것은 예나 지금이나 마찬가지였어요. 위대한 탐험가들의 여행기는 사실과 신화를 짜깁기한 황당한 이야기였는데, 이런 여행기가 다른 이들이 더 멀리 모험을 떠나도록 부추겼답니다.

페니키아 인

기원전(예수가 태어난 해를 기준으로 그 이전 시기) 2세기 무렵 페니키아 인은 (현재 레바논에 해당하는) 영토를 넘어 지중해 연안 정복에 나섰어요. 이들은 식민지를 개척하여 대서양까지 무역 국가를 건설했는데, 기원전 814년에는 카르타고(튀니지)가, 기원전 600년에는 마살리아(프랑스 마르세유)도 이에 포함되었어요. 이때 아프리카 일주를 했다고 해요.

마살리아에서 시작된 여행

기원전 4세기 말, 그리스 인 피테아스는 (지금의 프랑스와 영국에 해당하는) 지중해의 마살리아에서 스코틀랜드로, 이어서 극북의 땅 툴레(유럽의 고대 문학과 지도에 등장하는 낱말, 셰틀랜드 제도 또는 노르웨이를 의미한다고 함)까지 항해를 떠났어요. 피테아스는 여행 중에 배만큼 커다란 고래를 본 경이로운 경험 등을 이야기했지만, 사람들은 그가 거짓말한다고 생각했어요.

허풍선이었을지는 몰라도 피테아스는 달의 이지러짐과 조수 간만의 차를 최초로 밝혀낸 사람이에요. 그의 저서로 《바다에서》와 《육지 이야기》를 찾아볼 수 있어요.

고대 이집트의 왕(파라오)들과 원정대

기원전 15세기, 하트셉수트 여왕은 홍해에서 푼트(소말리아)까지 탐험할 원정대를 꾸렸어요. 여왕이 보낸 탐험선 5척은 황금, 상아, 흑단을 싣고 돌아왔어요. 이후 900여 년이 흐른 기원전 609년, 아프리카 일주가 가능하다고 믿었던 네코 2세가 실제로 원정에 나섰어요. 선박 50척과 선원 30명으로 구성된 왕의 막대한 함대는 하트셉수트 여왕의 무리보다 멀리 가지 못했어요. 그러나 네코 2세는 이를 수긍하지 않고 그의 원정대가 아프리카를 최초로 일주했다고 주장했다고 해요.

아메리카 대륙에 처음 발을 내디딘 바이킹 족

훌륭한 항해자인 스칸디나비아 출신 해상 민족 바이킹은 대서양과 맞닿은 유럽 연안과 러시아까지 누비고 다녔으며, 크리스토퍼 콜럼버스보다 500년이나 먼저 북아메리카에도 발을 내디뎠어요. 980년 무렵, 에이리크 라우디는 노르웨이에서 도주하여 그린란드를 개척했어요. 20년 뒤, 그의 아들인 레이브 에릭손은 캐나다 북동쪽의 배핀 섬에 상륙했죠. 이 탐험가들은 상인이어서 영토를 지배할 뜻이 없었어요. 게다가 1200년대 시작된 혹한기로 말미암아 이 탐험은 중단되었어요. **사가**에는 항해자들이 풍요로운 서쪽 나라를 기억하며 쓴 내용이 수록되었어요.

마르코 폴로(1254~1324)

마르코 폴로는 열일곱 살이 되던 해에 베네치아 상인인 그의 부친 니콜로, 삼촌 마페오와 함께 제2차 중국 원정에 나섰어요. 고된 여행은 3년간 지속되었는데, 그동안 세 사람은 갖은 우여곡절을 겪었어요. 가까스로 중국에 도착한 그들은 **칭기즈 칸**의 손자인 쿠빌라이 칸(몽골 제국의 제5대 황제로 중국 원나라의 시조)의 극진한 대접을 받았고, 그 뒤 20여 년간 칸의 사신으로 활약했어요.

마르코 폴로는 1295년 베네치아로 돌아와 베네치아-제노바 전쟁에 뛰어들었어요. 그리고 감옥에 투옥되어 만난 작가 루스티첼로에게 자신의 중국 여행담을 들려주었죠. 그 이야기는 《세계 경이(驚異)의 서》라는 책으로 완성되어 큰 인기를 끌었어요. 크리스토퍼 콜럼버스도 이 책으로부터 영감을 얻었죠.

누구일까요?

사가란 12세기, 13세기 스칸디나비아의 역사와 기담이 담긴 이야기예요.
칭기즈 칸(1160~1227)은 몽골 제국을 건국했어요. 아시아 대부분 지역이 그의 통치 아래에 있었어요.

이보소, 나는 12만 킬로미터를 다녔다

이븐바투타(1304~1377)

모로코의 부유한 교양인 이븐바투타는 걷거나 낙타를 타고, 배를 타며 12만 킬로미터나 되는 세 번의 세계 일주를 감행했어요. 스물한 살에 고향 탕헤르를 떠나 낙타 또는 아랍 상인들의 배를 빌려 아프리카 전역은 물론 인도와 중국에 도달하는 여행길에 나섰어요. 그의 여행기 《리흘라》를 보면 아랍인들 사이에서는 아프리카로 가는 길이 이미 널리 알려졌었죠. 유럽인 탐험가들도 북아프리카 시장을 자주 드나들었어요.

아틀란티스 섬, 잃어버린 낙원에 관한 전설

지금까지도 사람들은 대서양 한가운데 숨어 버린 이 섬에 대해 궁금증을 가지고 있어요. 이 잃어버린 낙원에 관한 전설은 고대 그리스 시대부터 전해져요. 아틀란티스 섬의 전설은 고대 그리스 철학자 플라톤(기원전 4세기)을 통해 알려졌어요. 그의 이야기에 따르면, 이 미지의 섬은 대륙만큼이나 면적이 넓었으며 그가 살았던 시기보다 9000년 앞서 바닷속에 가라앉아 버렸다고 해요.

포르투갈과 에스파냐의 간의 해상 격돌

왜 아프리카를 돌아다니지 못할까요? 왜 대서양을 횡단하지 못할까요? 고대 그리스·로마 시대부터 사람들의 생각 속에서 요동친 이런 궁금증은 마침내 포르투갈을 선두로 하여 에스파냐에도 영향을 미쳤어요. 탐험가들이 질문의 답을 찾아 나서기 시작한 거예요.

대를 이어 항해자로

바다로 둘러싸인 국가 포르투갈과 에스파냐는 오랜 세월 바다의 영향을 받았어요. 그래서 이들의 조선술은 제네바와 베네치아에 필적할 만했죠. 최초의 항로 개척에 나선 범선의 모델은 13세기 포르투갈 사람들에 의해 만들어졌어요. 그들에게 있어 바다는 세계로 뻗어 나갈 수 있는 유일한 통로였으며, 특히 아프리카에 진출하기 위해서는 반드시 통과해야만 했어요.

이베리아 반도의 레콩키스타

711년부터 **무어 인**들의 침공을 받았던 이베리아 반도는 국토 회복 운동(레콩키스타)을 시작했어요. 기나긴 전투로 서서히 무어 인의 주둔지가 함락되었으며, 13세기 말에 이르러 포르투갈의 국토 회복이 완료되었죠. 그러나 포르투갈이 독립권을 확보하기 위해서는 인접 왕국인 카스티야와의 전투가 남아 있었어요. 15세기 초, 마침내 독립한 포르투갈은 정복 활동에 돌입하고자 해외로 눈을 돌리기 시작했어요.

1492년, 에스파냐

국토 회복 전쟁의 정점은 1492년 1월 카스티야와 아라곤 왕국의 전투였어요. 군사력이 우수했던 두 왕국은 이사벨 1세와 페르디난트 2세의 결혼(1469)으로 동맹을 맺게 되었죠. 그 덕분에 이미 몇 차례 아프리카 연안 탐험에 성공을 거둔 포르투갈 인의 발자취를 좇아 평화롭게 탐험에 돌입했어요.

포르투갈과 에스파냐는 국경 밖에서 경쟁을 시작했어요. 즉, 누가 먼저 새로운 땅을 개척하는지 경합하게 되었죠.

누구일까요?
무어 인이란, 출신과 관계없이 13세기 정복 전쟁 이래로 이베리아 반도에 거주한 이슬람교도(모슬렘)를 총칭해요.

새로운 십자군

포르투갈과 에스파냐는 국토 회복 전쟁을 이교도에 대항하는 거룩한 전쟁으로 여겼어요. 카스티야의 이사벨과 아라곤의 페르디난트의 결혼은 무어 인에 대항하는 기독교 통일 왕국 건설의 징표가 되었죠. '가톨릭의 우두머리'인 교황 알렉산더 6세의 격려를 받은 그들은 아프리카와 아시아에서 국토 회복 전쟁을 계속했으며, 이는 탐험가들이 탐험을 지속하는 구실이 되었어요.

콜럼버스는 신실한 가톨릭 신자였지만, 왕과 왕비에게 자금을 얻기 위해 교황의 믿음을 이용했어요. 하느님이 세상을 창조하셨는데 지구가 텅텅 비었을 리 없다고 주장했죠. 또한 인디언들을 포교하여 좋은 가톨릭 신자로 만들겠다고 약속했어요.

아랍 상인과 이탈리아 상인들의 지중해 장악

1400년대, 아프리카 육로는 아랍 상인들이 장악했어요. 그 육로는 금광과 연결되었고, 중국과 인도의 대표적 호사품인 향신료와 직물이 유입되는 동방의 관문이었죠.

지중해는 유럽 무역의 중심지였으나, 이탈리아와 아랍 상인들이 장악했어요. 이들은 교류품의 가격을 정해 비싼 가격에 판매했어요. 이런 이유로 포르투갈에 이어 에스파냐도 아시아로 직접 통하는 교역로를 개척하려 한 거예요.

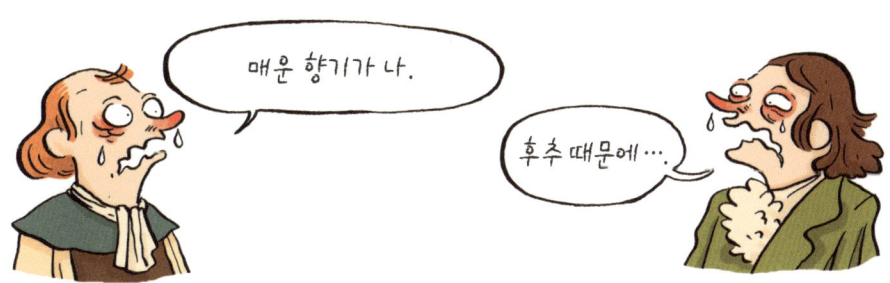

향신료를 찾아서

후추, 정향, 생강, 육두구, 계피, 사프란 등 인도와 인도네시아에서 건너온 값비싼 향신료는 부자들이 좋아했어요. 향신료는 육류 보관을 돕고 요리의 풍미를 더해 주며 유통기한이 지난 음식의 맛을 감춰 주었어요. 또한 치료제와 방향제로도 쓰였어요.

대담한 왕자

포르투갈 왕자 엔리케는 해양 개척을 적극적으로 추진했어요. 그래서 '내비게이터(항해사)'라고 불렸죠. 그가 지원하는 원정대에 왕정과 상인들의 관심이 몰렸어요.

야망의 동력

포르투갈 주앙 1세의 셋째 아들 엔리케는 1394년에 태어났어요. 그는 형들이 있어서 왕위에 오를 가능성이 적었어요. 야망과 호기심 많던 그는 1415년 포르투갈 연안에서 악명 높았던 모슬렘 해적들의 주둔지인 모로코의 세우타 정복 전쟁에 참여했어요. 아프리카의 황금을 거머쥘 수 있다고 믿어서였죠.

제1차 정복

엔리케 왕자는 포르투갈 인이거나 제네바 인, 베네치아 인이건 군사 또는 상인이건 신분에 상관없이 탐험 지원자에게 자금을 후원했어요. 탐험에 나선 왕자는 아프리카 연안과 마주한 큰 항구 라고스에 정박했어요. 1418년, 자신의 선박들이 하선한 두 섬을 그는 마데이라 제도와 포르투 산투 섬이라고 이름 붙였죠.

엔리케 왕세자의 탐험대는 카나리아 제도 앞에서 좌초했는데, 뒷날 이곳은 에스파냐령이 돼요. 이후 1427년에 그들은 아조레스 제도와 부근 섬들을 점령해요.

공포의 곶

아프리카 연안을 탐험하는 데에 제일 위험한 지점은 보자도르 곶(공포의 곶으로도 불림)이었어요. 이곳은 서로 다른 해류가 만나 파도가 거셀 뿐 아니라 암초도 있고 짙은 안개 때문에 위험했어요. 선원들 사이에도 끔찍한 전설이 돌았죠. 어떤 사람은 해심이 깊은 곳에 바다 유령이 산다고 했고, 어떤 사람은 바닷속 끄트머리에 거대한 구멍이 있다고 했어요.

질 이아네스가 보자도르 곶을 통과하다!

1434년, 항해자 질 이아네스는 보자도르 곶을 통과한 뒤 강한 바람을 만나 귀환 길에 올랐어요. 이로써 아프리카 연안을 탐험하게 되는 결정적 계기가 마련되었어요. 그의 성공적인 탐사 뒤 포르투갈 목수들은 새로운 범선을 개발하기에 힘썼는데, 위대하고도 머나먼 바다에 맞서려면 더욱 견고한 돛이 필요했기 때문이에요.

보이지 않는 항로

엔리케 왕자는 아프리카 연안 순회 항로와 인도로 가는 길을 꼭 찾고 싶어 원정대를 계속 보냈죠. 이들은 카보베르네(현 세네갈 근처)와 감비아 강 어귀까지 탐사했어요. 그러나 아프리카 연안은 매우 길었고, 결국 엔리케 왕자는 목표를 이루지 못한 채 1460년에 죽었어요.

알고 있나요?
엔리케 왕세자는 '내비게이터'라는 별명이 있었지만, 탐험에 직접 참여한 적은 없다고 해요!

캐러벨선과 개량선

연안을 탐험하기 위해서는 항해하기 쉽게 작지만, 큰 파도를 견딜 수 있는 단단한 범선을 만들어야 했어요. 그래서 포르투갈 인들은 캐러벨선을 개량했죠. 그 뒤에는 화물을 운반하기 위해서 훨씬 더 큰 범선인 캐랙선을 개발했어요.

캐러벨선

캐러벨은 폭 7미터, 길이 20미터가량으로, 두세 개의 돛이 달린 작은 배예요. 삼각형 돛과 사각형 돛을 함께 쓰는 특징이 있어요. 속력이 빨라 항해에 알맞고 높은 파도를 잘 견뎌서 연안 항해선과 원거리 탐험선으로 적합해요. 그러나 화물 적재량이 50~70톤으로 적으며, 선창(배 안 갑판 밑에 있는 짐칸)도 좁아 식량보다는 다른 물건을 싣기에 적당했어요. 그래서 한번 출선하면 개량선이나 캐랙선같이 더 큰 선박을 선호했어요.

바다는 정말 대단해!

맞아!

알고 있나요?

돛이란 단어는 라틴어에서 유래했으며, 삼각돛은 고대 그리스·로마 시대부터 지중해에서 사용되었어요. 돛은 역풍이 불 때 유용했고, 삼각돛은 후미, 즉 뒤 돛대에 달렸어요. 사각 돛은 뒤에서 부는 바람을 타고 선박을 더욱 빠르게 운항할 때 필요했어요. 그래서 사각 돛은 앞 돛대, 그리고 중심부 돛대에 달렸어요. 돛의 형태와 배치로 바람을 활용하여 항해할 수 있어요.

개량선

30~40미터 길이에 폭이 10~15미터인 대형 선박을 말해요. 개량선은 일반적으로 세 개의 돛을 가지고 있지만, 어떤 경우에는 다섯 개까지도 설치했죠. 큰 돛은 배의 전진을 위해, 작은 돛은 배의 조작을 위해 필요했어요. 커다란 선창은 무역품을 운반하는 데 알맞았죠.

캐랙선

15세기가 되자 개량선의 두꺼운 몸체와 캐러벨선의 다양한 면적의 돛을 조합한 캐랙선이 만들어졌어요. 캐랙선은 속도뿐만 아니라 강력한 **적재량**(무역품을 1000톤까지)을 자랑했기 때문에 **동인도**와 **서인도**와의 무역에서 물자 수송비를 절약하기에 매우 유용했어요.

크리스토퍼 콜럼버스와 다른 탐험가들은 배를 더욱 고성능으로 개량했어요. 개량선은 소형 캐랙선처럼 후미에 삼각돛을 달았어요. 개량선과 캐랙선은 용어 선택에서도 다르듯 분명한 차이를 보여요.

선미재의 키

12세기부터, 키의 진동을 견딜 수 있는 선미재가 배를 원활히 조종할 수 있도록 도왔어요. 그전까지는 선원이 중국에서 만든 수평 키만 조작할 수 있었죠. 그런데 선미재가 생기면서 이제는 수직으로도 키 조작이 가능해졌어요. 그래서 배의 항해가 더욱 쉬워졌고, 화물은 더 많이 실을 수 있었어요.

무슨 뜻일까요?

적재량이란 배의 짐칸에 실을 수 있는 분량을 말해요.

위대한 발견이 있기 전, 유럽 사람들은 아시아 전체를 '인도'라고 불렀어요. 크리스토퍼 콜럼버스가 서쪽으로 항해해서 아메리카 대륙을 발견했을 때, 그는 아시아를 찾았다고 믿었어요. 그래서 그 땅을 서인도라고 불렀고, 이후 아시아 대륙은 동인도라고 불렸어요.

갑판에서

난생처음 배에 오른 선원들은 서로 낯설었죠. 선장은 딱딱한 말로 임무를 부여했어요. 그러나 임무 밖의 예측하지 못한 상황도 있었어요.

선장

갑판에서는 선장이 하느님 다음으로 우두머리였어요. 그래서 '주인님'이라고 불렸죠. 선장은 육지에서 선원들을 모집했으며, 물품의 불침번을 세워 선박의 장비를 지키게 했어요. 이때 선장의 역할이 매우 중요했어요. 너무 권위적이면 인간관계가 위험했고, 너무 타협적이면 권위를 잃기 십상이었죠.

항해사

주로 노련한 탐험가가 맡았어요. 별을 관찰할 줄 알며 이등 선장이기도 해요. 역할은 선장이 어떤 일을 주느냐에 따라 달랐어요. 바스쿠 다가마는 첫 번째 인도 여행에서 바르톨로메우 디아스를 이등 선장으로 임명했어요. 반면 크리스토퍼 콜럼버스는 아무도 믿지 못했죠.

선상 기록자

선상 기록자는 모든 것을 기록하는 사람이에요. 매일의 식량, 화물 보고 등의 일을 맡았어요. 그는 육지에 머물던 선주나 왕이 보낸 사람이기도 했으며, 이들을 대신하여 배를 관리하고 통제하는 역할을 맡았어요.

너 얼마나 먹었어?

럼주 8톤, 쥐 두 마리… 그래, 계산은 완벽해!

반란

바다 위 폭동은 흔한 일로 콜럼버스, 바스쿠 다 가마, 마젤란 모두 경험했어요. 폭동의 선동자들은 본보기로 살해되거나 무인도에 버려졌고, 나머지 사람들은 태형이나 높은 곳에 매달렸다가 떨어지는 형벌을 받았어요. 손이 밧줄에 묶인 채 바다에 던져지기도 했죠. 주로 식량이나 포도주가 부족할 때 반란이 일어났고, 무엇보다 공포와 향수병이 원인이었어요.

돌아와!

얌전히 있을게.

사제

사제들은 기도와 병자 성사를 담당했어요. 하지만 항상 여행길에 나서진 않았어요. 1492년, 크리스토퍼 콜럼버스는 발견한 땅의 소유권 증서 작성을 위해 공증인을 배에 태웠지만, 사제를 태우는 건 잊어버렸어요.

거룩하게 기름 부어 주소서…

움직이지 마세요.

선원들

선원 중에는 돛을 조작하거나 배 운항을 맡은 사람들이 있었어요. 그 밖에 목수, 요리사, 이발사 겸 외과의사 등이 있었죠. 모든 업무는 어렵고 위험했어요.

선원들은 다리 위에서 잠들었지만, 영양 상태는 좋았고 급여도 잘 받았어요.

곧 당신의 볼이 돌고래 엉덩이처럼 예뻐질 테니까요.

소년 수습 선원

16세 이하로 고된 뱃일을 배우려는 소년을 말해요. 급히 돛대 꼭대기에 오르거나 바닥 닦는 일을 맡았어요. 선임들은 그들에게 허드렛일을 맡겼죠. 그러나 1492년 12월 25일, 좌초될 뻔했던 크리스토퍼 콜럼버스의 산타마리아호를 구해낸 이는 바로 소년 수습 선원이었어요. 조종사는 잠들어 있었고요!

선원의 1일 식사량

매일 아침, 선원들은 500~1000그램의 밀가루로 만든 납작한 비스킷, 250~500그램의 소금에 절인 고기나 생선, 말린 채소, 4분의 3리터 포도주나 능금주를 받았어요.
선장은 언제나 보급품을 넉넉하게 마련했지만, 시간이 지나면 식량은 벌레 먹거나 쥐가 갉아먹었어요. 물 역시 보관하기 어려워 '눈을 꼭 감고 코를 움켜쥔 채' 마셔야 했죠.
마젤란의 동료 피가페타가 말했어요. "우리는 쉰 비스킷을 먹었다. 천지에 벌레가 있었고, 오줌 냄새도 역겨웠으며, 좋은 것은 쥐들이 이미 먹은 뒤였다. 우리는 더러운 물도 마셨다."

뱃머리 고수하기

선원들이 가장 불안해했던 상황은 거친 바다에서 표류하는 것이었어요. 15세기까지만 해도 연안을 따라 항해하는 탐험은 계속되었지만, 연안에서 멀리 떨어진 바다는 '갈 수 없는' 바다였죠. 연안에서 멀어지려면 바다 위에서 어디쯤 있는지 필수적으로 위치를 파악할 수 있어야 하기 때문이에요.

북쪽을 찾아서

태양과 별을 관측하는 것은 바다에서 어느 위치에 있는지 추측하는 데 도움을 주었어요. 몇 가지 도구들 역시 항해사들을 도왔죠. 도구를 통해서 그들은 불완전하게나마 현재 자신들의 위치를 알 수 있었어요.

12세기 중국인들과 아랍인들을 통해 유입된 **나침반**(또는 컴퍼스)은 14세기 나침반의 자침이 고안되어 더욱 정밀해졌어요. 하지만 나침반은 지구의 자성 때문에 작동하므로 극지방에 가까이 가면 나침반의 북침과 북쪽이 일치하지 않는다는 단점이 있었어요. 그래서 극지방에서는 나침반이 무용지물이었어요.

훌륭한 선원이 되는 길

선원은 이해력과 행동이 재빨라야만 했어요. 맡은 위치에서 도구를 전문적으로 사용할 줄 알고 직관력과 관찰력도 뛰어나야 했죠. 예를 들어 바다에서 새를 보면 육지가 가깝다는 뜻이고, 달무리를 보면 날씨가 궂어질 것이란 신호를 알아채야 해요.

아스트롤라베는 위도를 측정할 때 사용되었어요. 눈금이 새겨진 톱니바퀴에 바늘이 달린 것으로, 한 자리에 막대기를 세우고 그 막대기로 태양이나 북극성의 변화 각도를 재서 고도를 측정했죠. 즉, 별과 지평선 사이의 각도를 측정하여 얼마나 각도가 변했는지에 따라 위도를 짐작할 수 있었어요. 이런 측정 방식은 배의 흔들림이나 거친 날씨 때문에 늘 통하지는 않았어요.

해양 지도는 바다에서 유용한 필수품이었어요. 연안과 항구 정보, 해류와 바람에 대한 정보가 수록되어 있었어요. 바둑판 모양으로 그어진 선은 위도와 경도(지구의 동서를 가르는 선)를 표시한 거예요. 이것들이 선원들에게 뱃길을 표시해 주었고, 나침반의 보완 역할을 했어요.

알고 있나요?

13세기 이탈리아에서 해양 지도가 만들어지며 지도의 위쪽이 북쪽을 나타내게 되었어요. 이는 이미 우리에게도 익숙한 지도 형태예요. 이처럼 항해 지도를 통해 방향을 확인하기가 쉬워졌어요. 그전까지는 예루살렘(기독교 성지)처럼 잘 알려진 장소를 배치한 지도나 세계 전도가 있었는데, 이 지도들에서는 지중해 연안과 동유럽의 나라들이 위쪽에 있었어요.

바람 덕택에

바다를 탐험할 때는 회항 때 바람의 역행이 문제였어요. 배가 바람의 영향을 받기 때문이에요. 탐험가들에게 바람은 출항 때는 친구였다가 회항 때는 방해꾼이 되기도 했어요.

보이지 않지만 위대한 바람

15세기 탐험가들은 바람과 해류를 관찰하고, 목록을 만들어 이름을 붙여두었어요. 하지만 그들도 자연 현상을 이해하거나 예측할 수는 없었어요. 지구가 둥글다는 것은 알았지만, 자전한다는 사실은 몰랐기 때문이에요. 지구의 자전 방향은 바람과 해류의 궁금증을 풀어 주었어요. 그래서 지금도 바람은 북반구에서는 오른쪽으로 불지만, 남반구에서는 왼쪽으로 불어요.

보우타

아프리카 서부 연안을 향하는 뱃길에서 가장 큰 난관은 바람이었어요. 출항은 쉬워도 귀항은 힘들었죠. 보자도르 곶이 그 첫 난관이었어요. 1434년 질 이아네스는 먼 바다로 나가서 우회를 감행했어요. 그런데 위도 20~30도 사이에서, 뱃머리의 반대 방향인 서쪽으로 무역풍이 불어왔어요. 15세기 초, 포르투갈의 탐험가들은 그래서 먼 바다로 출항해도 편서풍을 타면 리스본으로 귀항하는 데 유리하다는 사실을 알게 되었어요. 이처럼 항해에 이로운 맞바람을 이용하는 보우타(포르투갈 어로 돌기, 일주라는 뜻. 15세기 포르투갈 신항로 개척 당시 발견한 항해 기술) 기법은 배의 회항을 도와주었어요.

아프리카를 항해한 포르투갈 인과 카나리아 제도를 항해한 에스파냐 인도 보우타 기법 덕택에 출항과 귀항을 할 수 있었어요. 이는 크리스토퍼 콜럼버스가 어째서 늘 카나리아 제도로 뱃머리를 돌렸는지 잘 설명해 줘요. 그는 먼 바다로 항해하여 돌아올 수 있는 바람을 찾아낸 거예요.

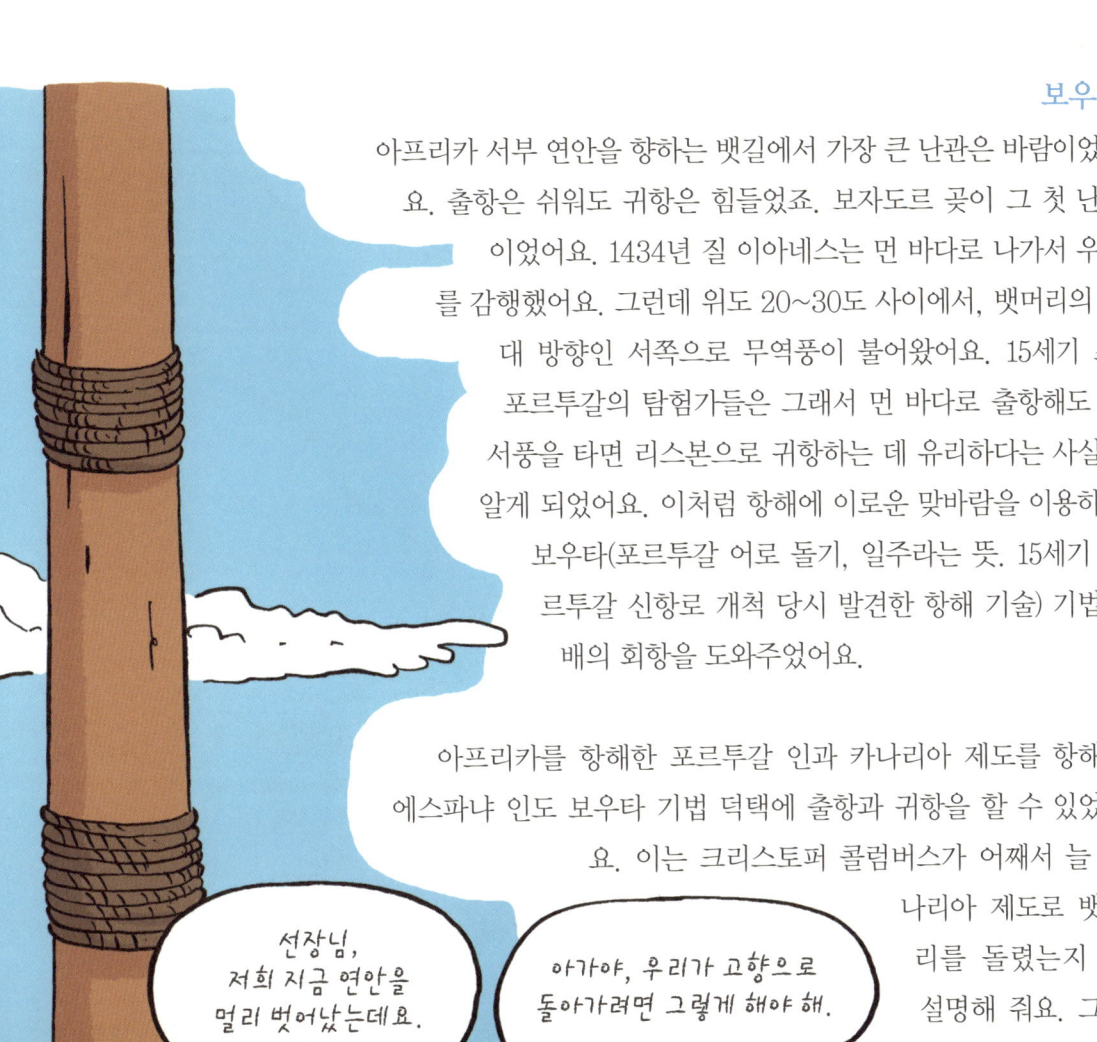

북반구와 남반구 : 정반대의 자연 현상

바르톨로메우 디아스는 남반구에서는 풍향이 북반구와 반대일 것으로 예측했어요. 그의 탐험대는 희망봉 위도상에서 남동풍을 만났어요. 그는 동쪽 경로를 찾아 목적지에 도달하려고 했지만, 배가 서쪽으로 가도록 내버려둘 수밖에 없었어요. 믿기 어려운 최초의 보우타 기법을 감행한 것처럼 재차 보우타 기법을 사용하여 아프리카 먼 해안을 돌아 인도양으로 나갈 수 있었죠.

콜럼버스와 바람

콜럼버스는 바람과 기류에 박식했어요. 그가 대서양 항로를 개척한 것은 우연의 일치가 아니었어요. 그는 첫 번째 항해 때 카나리아 제도에서부터 아조레스 제도의 고기압권을 따라 남쪽으로 우회하며 편서풍을 이용했죠. 만약 편서풍을 활용하지 않았다면 폭풍우가 캐러벨선을 좌초시켰을 거예요. 그의 두 번째 탐험 경로는 훨씬 더 남쪽으로 향했는데, 이는 **무역풍** 기류와 일치했어요.

무슨 뜻일까요?
무역풍은 지구 자전의 영향으로 각 반구에서 적도 방향으로 부는 바람(북반구에서는 북동 방향, 남반구에서는 남동 방향으로 붊)이에요. 적도란 사람들이 만들어낸 가상의 선이며, 이를 중심으로 북반구와 남반구로 나누어져요.

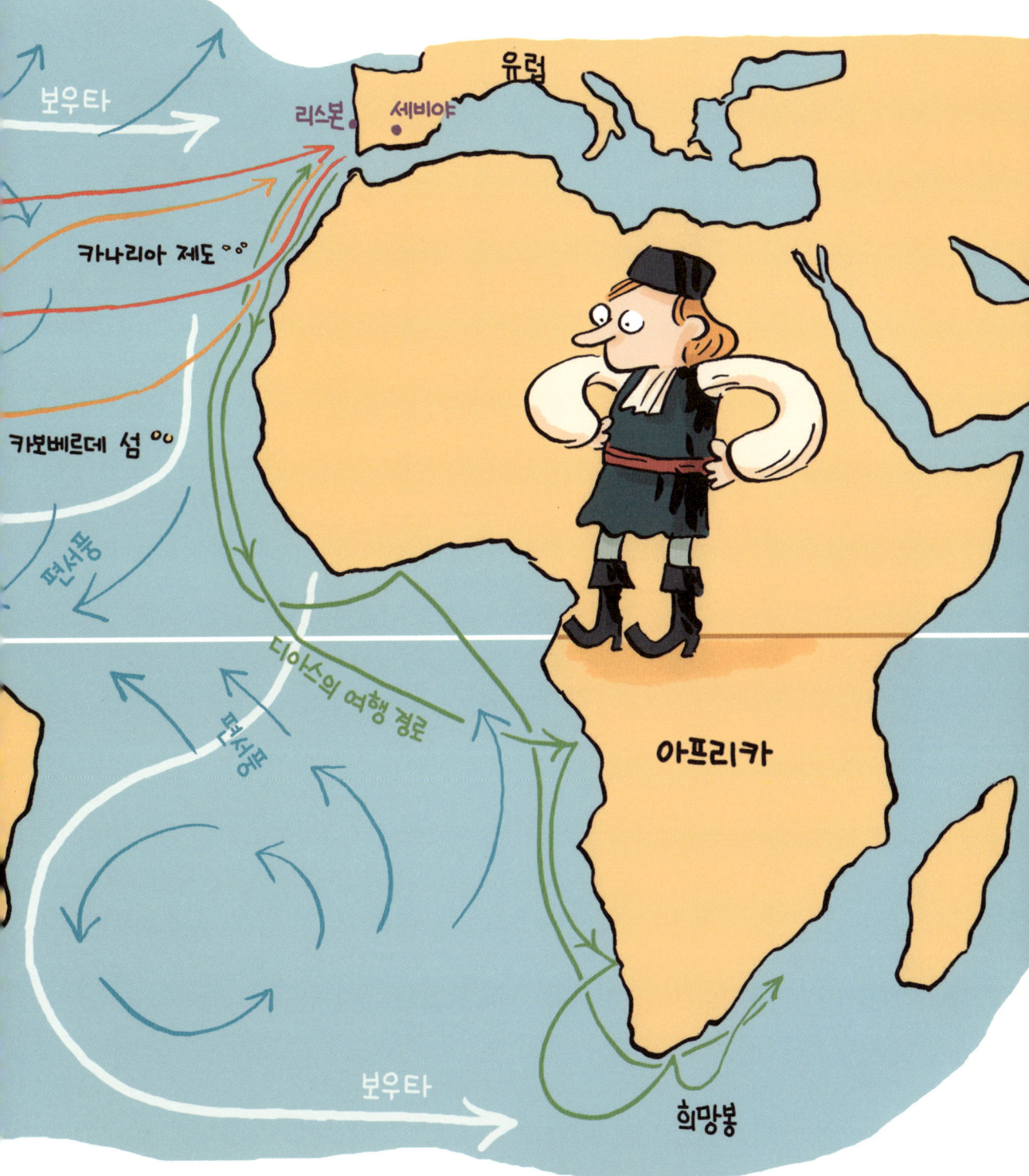

바르톨로메우 디아스 : 아프리카 지도를 새로 그리다

항해 왕자 엔리케는 수많은 탐험을 계획했지만, 아프리카 일주에 실패했어요. 이 해외 진출 정책을 이어받아, 그의 조카인 포르투갈 왕 주앙 2세는 항해자 바르톨로메우 디아스에게 신항로 개척에 대한 임무를 위임했어요.

노련한 항해자

포르투갈 출신의 바르톨로메우 디아스(1450~1500)는 아프리카 연안을 탐험한 경험이 풍부했기 때문에 주앙 2세의 해양 진출 정책의 일원이 될 수 있었어요.

남쪽을 향하여

바르톨로메우 디아스는 1487년 8월, 50톤급 캐러벨 2척, 보급품용 개량선 1척을 거느리고 리스본을 떠났어요. 11월 말이 되어 디아스 원정대는 지도상으로 결코 도달하지 못했던 가장 먼 곳에 도착했어요. 그곳을 기점으로, 바람이 변하기 시작했죠. 배가 더는 전진하지 않자 디아스는 가장 무거운 선박 하나를 포기하기에 이르렀어요. 가장 유리한 바람을 찾기 위해서 그는 가장 큰 것을 포기하는 데 망설이지 않았고, 결국 뱃머리를 돌려 연안에 도착할 수 있었죠.

폭풍의 곶

지독한 폭풍우 때문에 2척의 캐러벨은 연안으로 돌아왔어요. 디아스는 폭풍우를 만나지 않으려고 회항했고, 그곳을 '폭풍의 곶'으로 명명했어요. 이틀 뒤, 그는 다시 서부 아프리카 연안으로 출항을 감행했어요. 마침내 아굴라스 곶에 도착했는데, 그곳은 아프리카 최남단이었죠. 희망이 위대한 일을 해냈어요. 연안에서 동쪽으로 향했다면, 제대로 도착할 수 없었을 거예요.

내기에서 승리하다

3월 초, 연안이 이제 북동쪽으로 뻗어 있었어요. 마침내 디아스의 임무였던 인도로 가는 해로를 찾아낸 거예요. 1488년 12월, 출항 16개월 만에 선대가 리스본으로 귀항했어요. 바르톨로메우는 영웅으로 갈채를 받았어요. 그를 축하하기 위해 모인 사람 중에 크리스토퍼 콜럼버스도 있었을 거예요.

알고 있나요?
주앙 2세는 폭풍의 곶이라는 이름을 '희망봉'으로 바꾸었어요. 인도 정복에 나선 선원들에게 용기를 북돋워 주고 싶어서였죠. 아프리카는 모두가 상상했던 것보다 두 배나 더 큰 대륙이었어요.

35

바스쿠 다가마, 캘리컷에 도착하다!

포르투갈은 시간이 급박했어요. 바르톨로메우 디아스가 희망봉을 통과했지만, 앞서 말했듯 크리스토퍼 콜럼버스도 서쪽을 거쳐 인도로 향하는 항로에 올랐기 때문이에요.

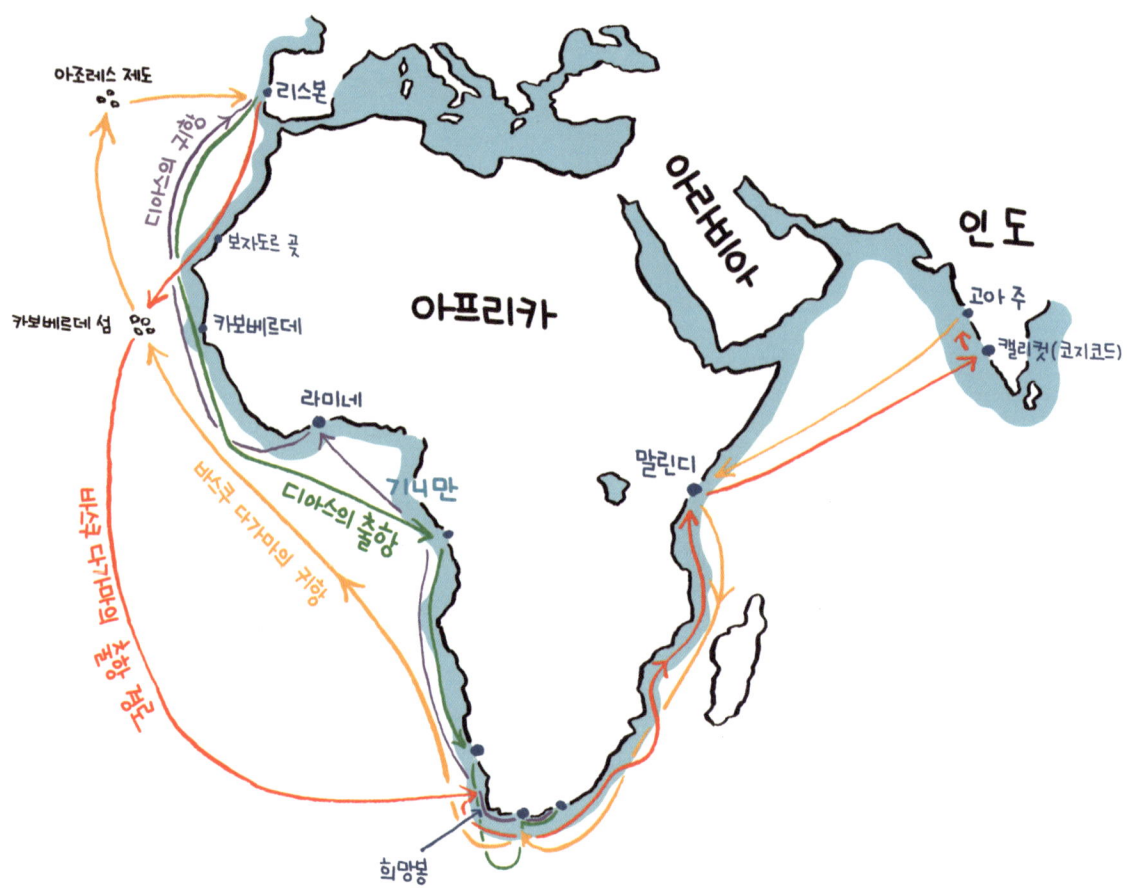

바스쿠 다가마(1469~1524)

바르톨로메우 디아스의 2차 출항은 자발적인 것이었으며, 포르투갈 왕 주앙 2세와 후계자 마누엘 1세는 그의 원정 동행자로 원정 대장 바스쿠 다가마를 선택했어요. 젊은 귀족이었던 그는 명망 있는 군인 신분이자 산티아고의 가톨릭 출신이었죠. 바르톨로메우 디아스는 다가마의 고문관이 되어 희망봉을 지나려면 먼 바다로 항해하여 항로에 유리한 바람을 찾아야 한다고 충고했어요. 또한 바람과 높은 파도에 맞서기 위해서 캐러벨선을 포기하고 더 단단한 개량선으로 승부를 걸어야 한다고 주장했죠.

1497년 7월 12일 : 출항

3척의 개량선과 1척의 캐러벨을 선두로 하여 탐험대가 리스본 연안을 떠났어요. 배에는 180명의 사람이 승선했어요. 카보베르데 섬에 이르러, 바스쿠 다가마는 기니만의 무역풍을 맞서지 않고 먼 바다로 돌아서 항해했죠. 위도 31도에서 시작된 편서풍은 선단을 아프리카 연안으로 인도했어요. 극심한 소요 속에서도 4척의 선박이 마침내 희망봉을 통과한 거예요. 바스쿠 다가마는 지친 선원들에게 잠시 쉬어가기로 약속해 폭동을 잠재웠어요.

생기 넘치는 연안에서

동아프리카 연안에는 항구와 시장이 밀집해 있었어요. 여러 공국(公國)은 12세기부터 황금과 상아, 그리고 아라비아, 인도, 중국, 말레이시아 출신의 노예 무역이 성황을 이루었죠. 지방의 우두머리들은 모슬렘들이었으므로 기독교인 여행객들이 불편했어요. 그러나 말린디(케냐 남동부에 있는 도시)의 술탄은 이들에게 따뜻한 환대를 베풀었으며, 노련한 항해사 바스쿠 다가마를 신임했어요.

오랜 꿈이 실현되다

1498년 5월 19일, 바스쿠 다가마와 그의 선단이 마침내 인도 캘리컷 항구에 도착했어요. 유럽인들이 아시아 관문을 통과한 거예요. 그러나 기쁨도 잠시, 이슬람교가 인도에도 이미 퍼져 있었죠. 아랍 상인들은 통상 협정에 방해 공작을 폈고, 포르투갈 인들은 불리한 상황이 계속되자 도주할 수밖에 없었어요. 고아 주에 도착해서야 그들은 귀중하다고 알려진 향신료를 살 수 있었어요.

험난한 귀항

1498년 8월 29일, 선창에 화물이 실리자 함선에 다시 출발을 알리는 나팔 소리가 울렸어요. 그러나 유럽인들은 계절풍과 맞닥뜨려야 했죠. 이들은 매서운 바람의 특성을 예측하기조차 힘들었어요. 대양을 건너 소말리아 해협까지 가는 데 만 석 달이 소요되었어요. 높은 파도는 유례없는 것이었죠. (크리스토퍼 콜럼버스의 1492년 항해는 33일이 걸렸다고 전해져요.) 사람들은 **괴혈병**에 시달렸고 많은 사람이 죽어 갔어요. 1499년 7월이 되어서야, 4척의 선박 가운데 2척만이 리스본에 귀항했어요. 바스쿠 다가마는 금의환향했고 인도양의 제독이란 칭호를 받았어요.

무슨 뜻일까요?
괴혈병은 '잇몸병'으로도 불리는데, 이 병에 걸리면 치아를 잃을 수 있어요. 비타민 C가 결핍된 지 두 달이 지나면 발병해요.

위대한 탐험가의 탄생

제노바의 한 꼬마가 마르코 폴로의 여행기에 사로잡혔어요. 수년 뒤, 이 꼬마는 탁월한 탐험가로 자랐어요. 이 이야기의 주인공은 바로 명실공히 신대륙 탐험의 새로운 기원을 열게 된 크리스토퍼 콜럼버스예요.

제노바에서 리스본으로

1451년 제노바 출신의 크리스토포로 콜롬보(크리스토퍼 콜럼버스의 이탈리아식 이름)는 사 형제 중에 맏이로 태어났어요. 부유한 방직공의 아들이었기에 크리스토포로는 양질의 교육을 받을 수 있었어요. 또한 그는 아버지의 가업을 전수받았지만, 스무 살 무렵에 모험담을 접한 것이 계기가 되어 무역에 입문하며 지중해와 대서양으로 항해를 떠났어요.

당시 제노바와 베네치아의 지중해 주도권은 튀르크 족에게로 기울어지고 있었어요. 아무튼 여느 이탈리아 사람들처럼 크리스토퍼 콜럼버스도 자본의 중심지로 도약하는 리스본으로 향했어요. 당시 모든 탐험 선박은 리스본에 집결해 있다시피 했죠.

여행과 독서

리스본에 도착한 크리스토퍼 콜럼버스는 지도 제작자이자 동생인 바르톨로메오를 만났어요. 한편, 크리스토퍼의 처가는 포르투갈의 마데이라 섬 식민 정책에 참여한 집안이었으며, 장인은 포르투 산투 섬을 개척한 선장이었어요. 장인에게서 물려받은 지도 덕분에 콜럼버스는 항해에 많은 도움을 받았죠.

이후 무역상으로서 콜럼버스는 포르투갈이 개척한 아프리카 항로로 기니만과 카보베르데 섬을 자주 드나들어요. 그는 지리학에 관한 책이라면 닥치는 대로 읽었어요. 또한 아리스토텔레스, 세네카, 프톨레마이오스와 지리학자 스트라본의 책을 즐겨 읽었죠.

콜럼버스의 신념

대서양을 통과하여 이베리아 반도에서 아시아까지의 거리를 예측하는 학설은 다양했어요. 어떤 이들은 지팡구 섬(마르코 폴로가 일본을 가리켜 쓴 표현)까지 4400킬로미터밖에 되지 않는다고 주장했어요. 그 정도면 돛단배로도 쉽게 주파할 수 있는 거리였죠.

콜럼버스 역시 이러한 주장을 확신했어요. 하지만 실제로 아시아는 2만 2000킬로미터 너머에 있었죠. 그가 혼동한 것은 아시아까지의 거리만이 아니었어요. 콜럼버스가 아시아라고 믿었던 곳은 미지의 신대륙 아메리카였어요!

7년간의 설득

1485년, 크리스토퍼 콜럼버스는 서쪽으로 항해하면 아시아에 도착해서 향신료 무역로를 개척할 수 있다며 포르투갈의 주앙 2세에게 자신의 탐험에 후원해 줄 것을 제안했어요. 그러나 주앙 2세는 이를 거절했죠.

그의 신복들도 아프리카 연안의 서쪽 항로를 이용한다는 제안에 코웃음을 쳤어요. 그 까닭은 이미 포르투갈의 해외

진출이 급속도로 진행되고 있었기 때문이에요. 바르톨로메우 디아스 역시 탐험을 준비했어요. 포르투갈 국왕이 해외 정책에 쏟아붓는 모든 노력은 그 초점이 디아스에게 맞춰져 있었죠. 결국 크리스토퍼 콜럼버스는 에스파냐로 떠났어요.

1486년, 그는 가톨릭교도이자 부부인 이사벨 여왕과 페르디난트 왕을 처음으로 알현할 기회를 얻었어요. 이들은 콜럼버스의 제안에 깊은 관심을 보였죠.

그러나 이들에게는 탐험보다 우선적인 과업이 있었어요. 무어 인들의 영향에서 벗어나기 위해 그라나다를 탈환해야 했던 것이에요. 마침내 이 상황이 종료되었고 1492년 1월, 부부는 콜럼버스의 모험에 관여하게 되었어요.

정복자 콜럼버스

콜럼버스가 단지 호기심만으로 탐험가가 되려던 것은 아니었어요. 만약 그게 전부였다면 그는 왕의 후원 없이 탐험을 떠났을 거예요. 콜럼버스가 원했던 것은 영토를 정복하여 큰 부호가 되는 것이었어요. 1492년 4월 3일, 산타페 협약을 거행하는 가톨릭 부부 왕과 함께 콜럼버스는 선두에서 서명을 맡았어요.

이 협약은 콜럼버스의 야망을 잘 보여 줘요. 콜럼버스는 '대서양의 위대한 해군 제독'이라는 작위를 받았으며, 그가 찾게 될 땅에서 부왕으로 임명될 것을 약속받았기 때문이에요. 콜럼버스는 대륙을 발견하여 10대 갑부의 반열에 오르기도 했어요.

신세계의 발견

1492년 8월, 마침내 크리스토퍼 콜럼버스는 준비를 마쳤어요. 페르디난트 왕과 이사벨 여왕은 결국 콜럼버스 탐험대의 재정 후원을 허락했지만, 그의 성공을 확신하지는 못했어요. 3척의 선박은 낡았지만, 콜럼버스는 완고했어요. 얼마간의 선박 정비 작업이 막바지에 이르렀고, 신세계 정복을 위한 준비가 완료되었죠.

두 척의 캐러벨과 한 척의 개량선

3척의 범선 중 2척은 70톤급 캐러벨이었으며, 이 배들은 이미 아프리카 연안을 항해한 경험이 있었어요. 콜럼버스는 메인마스트(함선의 제일 큰 돛대)에 사각 돛을 달아 운항의 효율을 높이려고 했어요. 그렇게 개조된 배는 '핀타', 그보다 작은 크기의 배는 '니냐'였죠. 이 배들은 늑재가 얇아도 돛의 면적이 넓어 대서양을 건너기에 완벽한 조건을 갖추고 있었어요.

콜럼버스는 세 번째 선박으로도 캐러벨을 찾았지만, 구할 수 없었어요. 결국 그는 개량선을 선택하고 의장품, 선구, 돛대 형식을 캐러벨식으로 꾸렸어요. 즉 선두의 두 돛은 사각이었고, 앞 돛대와 메인마스트는 삼각돛을 설치했죠. 배는 100톤의 적재량 때문에 둔중했고, 조정이 쉽지 않았어요. 콜럼버스는 이 배를 '마리 가란테'라고 이름 붙였다가 '산타마리아'로 바꿨어요.

9월 9일, 미지의 세계에 발을 딛다

8월 3일, 크리스토퍼 콜럼버스는 90명의 남자와 3척의 선박을 이끌고 에스파냐에서 출발했어요. 그리고 8월 12일에는 항해에 유리한 바람을 기다리며 카나리아 제도에 배를 정박했죠. 9월 9일은 미지의 세계로 출발한 기념비적인 날이에요. 횡단은 잘 이뤄졌지만, 매일 불안했죠. 10월 초가 되자 폭동이 일어났어요. 다행히 운 좋게도 10월 11일 저녁, 모두의 눈앞에 육지가 보였어요. 33일 만에 대서양 횡단을 해낸 거예요.

육지다!

10월 12일 아침, 콜럼버스와 선원들은 육지에 발을 디뎠어요. 그곳은 (지금의 바하마 일부인) 섬이었어요. 콜럼버스는 인도에 도착했다고 확신했어요. 그래서 그곳 원주민들을 '인디언'이라고 불렀어요. 원주민들과의 첫 만남은 원만했으며 그들은 주로 낚시를 즐기는 한가로운 사람들로 비춰졌어요. 섬은 원주민들이 부르는 고유한 이름(과나하니 섬)이 있었지만, 콜럼버스는 '산살바도르'라고 명명했어요. 그리고 자신이 부왕으로 인정받을 절차를 밟았어요.

섬에서 섬으로

이틀 뒤, 콜럼버스와 선원들은 지팡구(일본)와 카타이(중국)의 황금 광산을 찾아 다시 길을 떠났어요. 하지만 그들은 육지가 아닌 섬들을 발견했죠. 대부분의 원주민들은 평화적이었으나 식인종들도 있었어요. 아무튼 아무도 이 낯선 서양인들에게 먼저 접근하지는 않았어요.

11월 4일, 탐험대는 커다란 섬을 발견했어요. 콜럼버스는 에스파냐를 기념하며 이 땅을 '라 에스파뇰라(히스파니올라, 지금의 산토도밍고)'라고 불렀어요.

다사다난했던 귀항

콜럼버스는 황금을 찾지 못했지만, 왕과 여왕에게 신대륙 발견을 알리기 위해 귀항을 결심했어요. 그러나 12월 25일과 26일에 산타마리아호가 난파되어 선원 모두 귀항하는 것은 불가능했죠. 결국 히스파니올라 섬에 요새를 지은 뒤 39명의 선원이 그곳에 남기로 했어요.

1월 4일, 에스파냐로 다시 배가 출발했어요. 콜럼버스는 '인디언'들과 야생 식물, 앵무새 등을 핀타 호와 니냐 호에 실었어요. 두 번의 요란한 폭풍우가 지난 뒤, 캐러벨 선박은 3월 15일 에스파냐에 도착했고 콜럼버스는 영웅으로 추대받았어요.

콜럼버스, 세 번 더 여행을 떠나다

의기양양하게 에스파냐에 돌아온 뒤 6개월이 지나자 콜럼버스는 또다시 대서양 횡단을 꿈꿨어요. 이어 다른 두 번의 여행에서도 마찬가지였죠. 그러나 환희도 잠시, 콜럼버스는 실망에 잠겼어요. 약간의 황금을 가져왔지만 새로운 땅, 식민지들을 관리하는 것에는 미숙했기 때문이에요.

2차 여행(1493~1496)

이번엔 모두가 그를 믿었어요! 1493년 9월 25일, 17척의 선박이 바다에 대기했어요. 왕과 여왕의 융성한 지원 덕택이었죠. 1200명의 사람이 배에 탔어요. 귀족과 농부들은 새로운 땅을 얻고 싶었고, 종교인들은 인디언들을 좋은 신도로 변화시키고 싶었어요. 이제 더는 탐험이란 말은 어울리지 않아요. 오히려 점령이라는 표현이 맞죠. 신대륙을 자기들 것으로 삼으려 했으니까요.

계속되는 불운

11월 22일, 히스파니올라 섬에 도착해 보니 남겨졌던 선원들의 요새가 불타 있었어요. 선원들도 실종되었거나 죽거나 떠나고 없었죠. 인디언과의 관계는 콜럼버스가 느끼는 것 이상으로 매우 악화되어 있었어요.

이사벨 여왕에게 존경을 표현하고자 새로운 도시를 건설하려 한 콜럼버스는 히스파니올라에서 떨어진 곳으로 떠났어요. 그는 일본, 중국과 황금을 찾기 위해 계속 탐험했지만, 이번엔 식인종과 맞서게 되었죠.

지나친 점령

콜럼버스는 발견하는 섬마다 식민지를 세웠고, 그곳에 유럽인들이 거주하면서 부정적인 효과가 확산되었어요. 에스파냐 사람들은 약속된 황금 광산을 찾지 못해 격노하며 콜럼버스의 권위에 반론을 제기했어요. 크리스토퍼와 그의 동생은 자국민이 아닌 이탈리아 사람이었죠.

'인디언'들도 순식간에 신경질적으로 변했고 반란을 일으켰어요.

지금껏 이들은 낚시와 경작으로 자신들의 필요를 채웠고, 더 많은 노동이 왜 필요한지를 몰랐어요. 유럽인들이 자기네 땅에 들어오면서 노역에 시달렸고, 자기네 땅에서 추방당했어요. 인디언 종족 중 다수는 굶주림을 경험하기도 했어요.

팡파르 소리가 사라진 귀항

1496년 6월 11일, 콜럼버스는 에스파냐로 귀항했어요. 그는 페르디난트 왕과 이사벨 여왕에게 많은 약속을 했지만, 기대에 미치지 못했죠. 또 교만한 성품 때문에 많은 사람이 그의 적수로 돌아섰어요.

3차 여행(1498~1500)

이번에도 에스파냐 왕들은 콜럼버스가 주장한 내용을 믿고 탐험을 지원했어요. 무기를 갖춘 6척의 캐러벨, 선원들과 자국민들에게 줄 급료를 약속했죠. 배는 60명이 넘는 선원들과 270명의 자국민을 태우고 1498년 5월 30일, 에스파냐를 떠났어요.

3척의 배는 곧장 히스파니올라에 도착했어요. 다른 3척은 콜럼버스의 지휘 아래 남쪽으로 탐험을 지속했죠.

7월 31일, 육지를 발견하자 콜럼버스는 트리니다드(세인트 트리니티)라고 이름을 붙였어요. 그와 탐험대가 도착한 곳에 세 개의 산이 있었기 때문에 붙여진 이름이에요. 이들은 남아메리카(미래의 베네수엘라)에 도달했지만, 그곳이 정녕 찾아 헤맨 땅이 맞는지 알 수 없었어요. 어쨌든 콜럼버스는 아시아를 찾았다고 굳게 믿었어요. 그곳이 어디건 간에, 콜럼버스가 찾은 땅에는 황금이 넘쳐흘렀고 진귀한 보석이 가득했어요.

8월 31일, 히스파니올라 섬에 되돌아온 콜럼버스는 끔찍한 상황을 목격했어요. 자국민들과 원주민들의 반역으로 섬이 혼란 상태였던 거예요. 에스파냐 사람들은 바르톨로메오 콜럼버스(크리스토퍼 콜럼버스의 동생)의 권위에 대항했고, 인디언들은 자유를 부르짖었어요.

콜럼버스는 난폭하게 진압했어요. 폭동을 일으킨 자국민들은 교수형에 처했고, 인디언들은 노예로 부려 에스파냐 세비야의 노예 시장에 넘겨 버렸어요. 이 일로 페르디난트 왕과 이사벨 여왕은 격노했어요. 인디언들도 에스파냐 국민이기 때문이죠.

결국 조사관 프란시스코 보바딜라가 1500년 8월 히스파니올라 섬에 파견됐어요. 콜럼버스는 이 일로 체포되어 에스파냐에서 추방당했어요. 그는 죄수처럼 쇠사슬을 달고 무일푼으로 쫓겨났어요. 국왕의 총애를 잃은 자의 모습이었죠.

4차, 마지막 여행(1502~1504)

이 시기 페르디난트 왕과 이사벨 여왕은 콜럼버스를 석방했고, 여행에 필요한 재정을 다시 지원했어요. 바스쿠 다가마를 선두로 아프리카 연안을 지나 인도에 도착한 포르투갈의 해외 진출에 에스파냐가 뒤처진 것을 만회하고 싶었기 때문이에요. 콜럼버스는 서쪽 항로를 이용해 인도 항로를 개척할 임무를 다시 맡았어요.

　1502년 5월 11일, 4척의 캐러벨이 에스파냐를 떠났어요. 이번에도 왜 그런 결과가 생겼는지 알 수 없지만, 다시 한 번 콜럼버스는 아메리카 대륙에 도착하게 돼요. 그는 온두라스에서 파나마 지협을 거쳐 서쪽으로 나아갔어요. 결과적으로 인도를 찾는 여행은 실패했죠.

　오랜 여행에 지치고 병든 콜럼버스는 1504년 11월 7일 에스파냐에 귀항했어요. 그리고 1506년 5월 20일, 인도를 밟지 못하고 눈을 감았어요.

콜럼버스와 바스쿠 다가마의 뒤를 이어서

포르투갈과 에스파냐는 신대륙 발견을 놓고 경합을 벌였어요. 이들은 이미 발견한 영토는 서로 나눠 가졌고, 그렇지 않은 곳은 여전히 쟁취해야 할 대상으로 삼았죠. 양국 간의 경쟁과 과시가 시작되었어요.

토르데시야스 조약

1494년, 카스티야의 토르데시야스에서 에스파냐와 포르투갈 간의 신대륙 영토 분할 경계선을 정하는 조약이 체결되었어요.

두 나라는 신대륙 영토 경계선을 자오선(남북선) 기준으로 카보베르데 제도의 서쪽에서 370레구아 떨어진 지점(1770킬로미터)으로 옮기기로 합의했어요. 아프리카 연안에서 인도까지는 포르투갈의 영토로, 반대쪽 서편은 에스파냐의 영토로 결정한 거예요. 교황은 인디언들의 의무 개종을 조건으로 하여 이러한 영토 분할을 승인했어요.

콜럼버스의 독점이 막을 내리다

1498년 가을, 에스파냐에는 한 가지 소문이 돌았어요. 콜럼버스가 찾은 신대륙에 진주와 황금이 가득하다는 거예요. 이야기를 들은 경쟁자 알론소 데 오헤다도 곧장 탐험대를 꾸렸어요. 콜럼버스는 이에 항의했지만 아무 소용이 없었죠. 페르디난트 왕, 이사벨 여왕과 협정을 맺었다고는 하나 신대륙 발견을 고작 한 사람의 손에 고스란히 맡긴다는 것은 다른 문제였으니까요.

1499년 5월, 오헤다가 이끈 4척의 캐러벨도 대서양으로 돌진했어요. 플로랑틴과 아메리고 베스푸치도 거기에 승선한 채였죠. 선단은 남아메리카 연안을 탐사했어요. 베스푸치는 그곳을 (작은 베네치아라는 뜻의) 베네수엘라라고 이름 붙였어요. 오헤다는 그 이후에도 두 번의 탐험을 떠났는데, 다른 정복자들도 그를 뒤따랐어요.

아메리고에서 유래된 이름, 아메리카

유럽으로 돌아온 아메리고 베스푸치는 자신이 처음으로 '진주 연안'을 발견했다고 주장하는 성명을 발표했어요. 성명에는 신대륙이 콜럼버스가 주장하는 것처럼 아시아가 아니며, 전혀 새로운 대륙이라는 내용이 담겨 있었죠.

그 뒤 1507년, 독일의 우주 천체학자(지도제작자로도 알려짐)인 마르틴 발트 제뮐러는 지구상에 새로운 대륙이 있음을 발표했으며, 발견자의 이름을 따서 아메리카로 명명했어요.

한편 포르투갈에서는…

포르투갈에서는 바스쿠 다가마의 귀항 뒤, 동쪽 항로를 통해 인도에 가기 위한 새로운 탐험대가 페드루 알바르스 카브랄을 앞세워 꾸려졌어요.

선박 12척은 개량선이거나 캐랙선이었고, 3척은 캐러벨이었어요. 더는 탐험이 목적이 아니었고, 아프리카와 인도를 점령하려는 의도가 담긴 출항이었죠. 항로마다 빠짐없이 해외 상관을 임명했다는 점이 이를 뒷받침해요.

뜻밖의 발견

카브랄의 출항이 있기 전, 포르투갈 왕은 그에게 두 번째 임무를 부여해요. 다름 아닌 카보베르데 제도 부근 서쪽에 있는 섬을 찾는 것이었어요. 희망봉에서 귀항하는 배들의 중간 기착지를 설립하려는 것이 그 목적이었죠.

항해에 유리한 바람을 찾기 위해 우회하는 '대단한 보우타' 항해 기법으로 바람의 큰 곡선을 따라 아주 먼 서쪽까지 항해한 선박이 정박하여 쉴 곳이 마땅하지 않았기 때문이에요. 어쨌든 토르데시야스 조약 체결로 포르투갈은 카보베르데 제도에서 370레구아 지점까지만 **주권**을 가졌으므로, 영토권 안에서 정박이 가능한 섬을 찾아야 했어요.

1500년 5월 8일이 되자 카브랄은 바르톨로메우 디아스와 함께 출항했어요. 4월 22일, 선박은 조약에 따라 통치권이 미치는 경계에 도달했죠.

거기에는 이글이글 타는 듯한 붉은색 나무가 있었어요. 이 나무로부터 '브라질'이라는 나라 이름이 유래되었어요. 포르투갈은 예상 밖 상황에서 신대륙에 확고히 깃발을 세웠죠.

무슨 뜻일까요?
주권이란 한 나라 안에서 행사하는 권리이자 의무예요.

마젤란의 세계 여행

마젤란은 세계에서 처음으로 세계 일주를 한 사람으로 기억되고 있어요. 그러나 그가 애초에 세계 여행을 의도했던 것은 아니에요. 단지 여행을 그만둘 수 없었던 것뿐이에요!

운수 없었던 포르투갈 사람

포르투갈 어로 페르낭 드 마갈량이스라 불린 마젤란은 1480년경 나이 많은 부모님 슬하에 무일푼인 가정에서 태어났어요. 그는 영광과 행운을 동경했으며, 선원이 되려고 견실한 경험을 쌓았어요.

1505년, 포르투갈령 동인도의 새로운 부왕이었던 프란시스쿠 드 알메이다 함대의 선원이 되었으며, 향신료의 본거지인 말루쿠 제도(인도네시아 동부 술라웨시 섬과 뉴기니 섬 사이에 있는 섬들)까지 여행했어요.

에스파냐에 도움을 준 포르투갈 사람

1513년 귀항 이후, 마젤란은 구체적인 목표를 세웠어요. 서쪽 항로를 이용해 말루쿠 제도에 가기 위해 남아메리카를 통과하려는 계획을 모색했죠. 이는 많은 사람이 시도했지만, 성공하지 못한 방법이었어요. 토르데시야스 조약의 효력으로 에스파냐령 영토를 지나 항해해야 했기 때문이에요.

마젤란은 자신의 탐험 계획을 에스파냐 왕에게 제안했어요. 포르투갈 인들과 맞서 이기는 것을 좋아하고 외조부모인 페르디난트 왕과 이사벨 여왕만큼이나 명성을 얻길 원했던 젊은 왕 샤를 퀸트(카를 5세)는 마젤란의 제안을 승낙했어요.

1518년 5월 22일, 마침내 교섭이 체결되었죠. 마젤란은 항해에서 얻을 이익의 20분의 1을 취할 수 있게 되었고, 페르난도 데 마가야네스라는 에스파냐식 이름으로 알려졌으며, 총사령관으로 임명되었어요.

마젤란 호

총 5척의 기함이 탐험에 나섰어요. 2척은 120톤급의 개량선이었고, 트리니다드 호, 산안토니오 호였어요. 다른 3척은 콘셉시온 호, 빅토리아 호, 산티아고 호란 이름을 가진 캐러벨들이었고, 아메리카 연안 탐험을 위해 개량된 것이었어요.

에스파냐 인뿐만 아니라 다수의 포르투갈 인, 프랑스 인, 이탈리아 인, 플랑드르 인, 영국인 등 다양한 국적 출신의 장정 241명이 승선했어요. 마젤란이 이전 여행에서 데려온 엔리케 왕자의 노예도 그 안에 포함되었죠.

마젤란은 그 노예에게 각별한 신경을 썼는데, 그가 인디언들과 협상에 나서서 다음과 같은 물건을 얻을 수 있었어요. 거울, 작은 칼, 작은 종 꾸러미 등이었는데 콜럼버스도 앤틸리스 제도에서 얻을 수 있었던 거예요.

1차 여행 : 남아메리카

1519년 9월 20일, 선박들이 돛을 올리고 에스파냐에서 출발했어요. 남쪽 곶에서 마젤란은 아프리카 서쪽 연안을 지나 카보베르데까지 종주했고, 이어서 대서양으로 돌격했어요. 12월 13일이 되자, 그는 브라질까지 다다랐죠. 그곳에서 식인종을 만나기도 했어요.

마젤란은 남쪽 연안으로 탐험을 이어가요. 이듬해 4월이 되자, 그는 세인트 줄리안 연안(현재 아르헨티나의 남부)에 다다랐어요. 그 지역은 겨울이었기 때문에 마젤란은 항해를 멈추고 다시 출항할 최적의 날을 위해 잠시 기다려야 했어요. 시간은 자꾸만 흘렀어요. 선원들은 향수병에 걸렸고 결국 폭동이 일어났죠. 마젤란은 선원들의 기선을 바로잡아 폭동 주동자들을 처형했어요. 마침내 8월 말이 되자 마젤란 탐험선이 항해를 재개했어요.

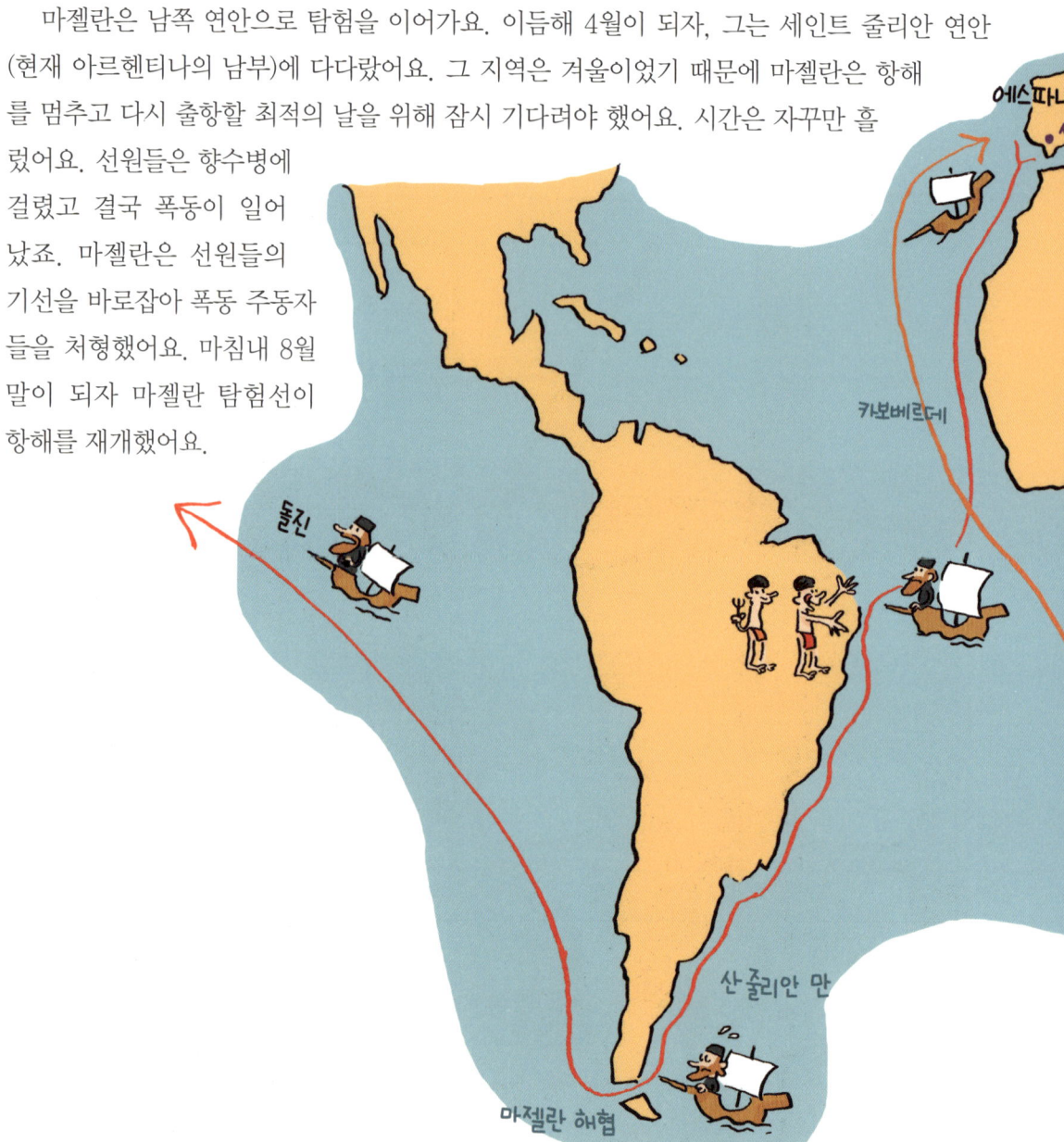

위대한 항로

2척의 캐러벨이 항로 개척을 주도했지만 오래가지 못했어요. 1척이 암초에 부딪혀 좌초했기 때문이에요. 1520년 10월 21일, 탐험선 앞에 해협이 모습을 드러냈어요. 선박은 조심스럽게 그곳에 진입했죠. 순식간에 두 번째 개량선인 산안토니오 호의 선원들이 겁을 먹고 에스파냐로 돌아갔기 때문에, 남은 3척의 작은 배에 있던 항해사들이 계속해서 심연을 살폈어요. 마침내 11월 28일, 이들은 고요한 바다에 이르렀어요. 바로 태평양이었죠. 이들이 발견한 해협은 마젤란의 이름을 따서 마젤란 해협이라고 해요.

끝없는 여행

마젤란 탐험선이 발견한 태평양은 잠잠해서 여행이 끝나지 않을 것 같았고 어려움도 닥쳤어요. 물과 먹을거리를 공급받을 섬을 발견할 수 없었죠. 남은 식량은 먹을 수 없을 만큼 썩어갔고, 선원들은 괴혈병에 걸려 초췌해졌어요. 이윽고 1521년 3월 6일, 탐험선은 뒷날 마리아나 제도라 불리는 곳에 도달했어요. 하지만 원주민들과의 관계가 금세 악화되어 선박은 다시 항해를 재개했어요. 3월 16일, 탐험선은 필리핀에 도착했고, 이번엔 사람들의 환영을 받았죠. 엔리케 왕자의 노예가 현지어를 구사해 그 나라와 동맹을 맺을 수 있었어요. 동맹국에 군사력을 과시한 마젤란은 4월 27일, 이웃 나라 왕에게 대항하는 전쟁에 나섰어요. 전쟁은 파국을 몰고 와요. 마젤란이 얼굴에 화살을 맞고 결국 숨지죠. 그의 동료 13명도 죽고, 남은 사람들은 도망쳤어요.

태평양에서 달아나다

마젤란의 핵심 보좌관 카르발호가 선박의 지휘를 이어받았어요. 어쨌든 이제 남은 것은 썩 상태가 좋지 않은 빅토리아 호, 트리니다드 호와 쇠약해진 승무원들이 전부였어요. 출항한 지 2년이 넘은 11월 6일, 이들은 마침내 티도르에 도착했어요. 이곳은 말루쿠의 주요 섬 중에 하나였어요. 카르발호와 선원들은 환대받았으나 곧 나쁜 일이 기다리고 있었죠. 말루쿠의 또 다른 큰 섬인 테르나테를 포르투갈 인들이 이미 점령했던 거예요. 카르발호와 선원들은 동쪽 항로로 희망봉을 거쳤기에 포르투갈 인들보다 나중에 도착했어요.

세비야로 회항하다

다행히 트리니다드 호와 빅토리아 호가 수리되어 값비싼 향신료를 가득 실었어요. 혈기왕성한 바스크 출신 후안 세바스티안 델 카노가 빅토리아 호를 지휘했고, 가장 빠르게 돌아갈 수 있도록 포르투갈 항로를 선택했어요. 예상대로 트리니다드 호는 출발했을 때 이용한 동쪽 항로를 따라 돌아가려고 했죠. 그러나 태평양에서 석 달간이나 표류했고, 말루쿠 제도로 다시 돌아와 생존자들은 포르투갈의 포로가 되었어요.

1522년 2월 13일, 말루쿠 제도를 출발한 빅토리아 호는 5월 18일에 가까스로 희망봉을 통과했어요. 9월 6일에는 18명의 생존자와 함께 에스파냐에 회항했죠. 이것이 바로 최초의 세계 일주예요. 바야흐로 세계 항해 시대가 개막되었어요.

18명의 생존자?

1522년 9월 6일, 18명의 유럽인이 빅토리아 호를 타고 세비야로 돌아왔어요. 그러나 탐험에서 이들만 살아남은 것은 아니었어요. 241명 중 90명이 살아남았죠. 그들 중에 55명은 마젤란 해협을 거쳐 오기 싫어서 산안토니오에 남았다가, 1521년 5월에 먼저 돌아왔어요. 90명 중 35명이 세계 여행을 한 셈이에요. 그래서 9월 6일에 고작 18명이 세비야로 돌아온 거예요. 트리니다드 호에 탑승했던 선원들은 포르투갈의 포로로 있다가, 나중에 귀항했어요.

마젤란의 항해, 쓸모 있었나?

마젤란이 개척한 서쪽 항로는 너무 길고 어려워 쓸모없었어요. 1523년 1월 21일, 앙베르 시장에서는 델 카노가 가져온 향신료가 팔렸는데, 금화로 2만 3819두카트(13세기 베네치아에서 주조된 금화)에 해당했어요. 이것은 에스파냐 왕가와 일부 자산가들이 마젤란 탐험대를 위해 쓴 대략의 금액이었죠. 1529년, 에스파냐는 말루쿠 제도에 대한 권리를 포기했는데, 그 대가로 포르투갈은 35만 두카트를 지불했어요. 괜찮은 수익이었죠.

61

영국과 프랑스의 뒤늦은 행보

프랑스와 영국은 대서양 주변에 많은 항구를 가지고 있었지만, 대항로 개척에는 참여하지 않았어요. 영토 분할과 돈 버는 게임에서 빠져 있던 군주들은 뒤늦게나마 이 반열에 참여하길 원했죠.

콜럼버스의 청을 거절하다

1489년 1월, 에스파냐 왕의 탐험 승낙을 기다리다 지친 콜럼버스는 동생 바르톨로메오를 영국에 파견하여 서쪽 항로를 이용한 항해를 후원받고자 했어요. 헨리 7세는 그 청을 매몰차게 거절했죠. 바르톨로메오는 프랑스에서도 환대받지 못했어요. 두 나라는 1453년까지 백년전쟁으로 황폐했고, 이제 막 파산에서 벗어나려 했던 참이었어요. 누가 보더라도 미쳤다고 여길 만한 일에 돈을 낭비할 때가 아니라고 생각했죠.

영국의 존 캐벗

콜럼버스가 신항로 개척의 획을 그은 뒤, 헨리 7세의 마음도 바빠졌어요. 에스파냐가 대서양을 누비고 포르투갈이 향신료로 부유해지는 것을 그저 바라보고만 있을 수 없었죠. 그는 제노바 출신의 조반니 카보토라는 사람을 수소문해서 인도로 가는 서쪽 항로를 개발하도록 격려했어요. 영국식 이름은 존 캐벗인 그는, 신대륙 항로 개척 임무를 맡게 되죠.

존 캐벗은 콜럼버스보다 훨씬 더 북쪽 항로를 이용했어요. 그리고 1497년 6월 24일, 래브라도에 도착했어요. 이것이 계기가 되어 16세기 말에 이르러 영국인은 북아메리카에 정착할 수 있는 터전을 마련해요. 하지만 항로가 너무 어려워 당시에는 실패로 해석되었어요.

프랑스의 항해가 자크 카르티에

프랑스가 아시아로 가는 서쪽 뱃길을 찾기 위해 공식적인 탐험을 시도한 것은 1534년이에요. 프랑수아 1세는 자크 카르티에한테 임무를 부여했어요. 1534년 4월 20일, 생 말로(프랑스 서부의 도시)를 출발한 자크 카르티에는 5월 10일 뉴펀들랜드 섬 연안에 배를 정박했어요. 그는 세인트로렌스 강을 거슬러 올라가 **래브라도** 지방을 조사했어요. 그는 이 해안을 프랑스 왕령이라 선언했고, 마을이란 뜻의 '카나타(Kanata)' 이로쿼이 어를 차용하여 캐나다라고 이름 붙였어요. 1535년과 1541년에 연이은 탐험에서도 카르티에는 현재의 퀘벡 지역인 세인트로렌스 만에 상륙했고 지금의 몬트리올 지역까지 도달해요. 프랑스 인들이 이 지역에 이주하고자 시도했지만, 환자들이 속출하고 인디언들과의 사이가 원만하지 못하여 1543년 귀향했어요.

왕들이 보낸 해적?

16세기 중반, 해상에서는 영국과 프랑스가 **나포**를 통해 대서양 무역의 전리품을 챙기는 일이 있었어요. 프랑수아 1세(프랑스 왕)와 엘리자베스 1세(영국 여왕)는 사나포선(승무원은 민간인이지만 교전국의 정부로부터 적선을 공격하고 나포할 권리를 인정받은, 무장한 개인 선박)을 띄웠어요. 특히, 영국의 사나포선은 아메리카에서 귀향한 에스파냐의 갈리온 선박을 공격해서 화물에 실린 보물을 나눠 가졌어요.

무슨 뜻일까요?

해상 나포란, 한 나라의 군함이 적국의 사나포선과 교전하는 거예요. 통치자의 공식적인 승인을 받아야 가능한 일이에요.

래브라도는 현재 뉴펀들랜드 래브라도 주로 불리는 캐나다의 지명이며, 강아지 품종 중 하나를 일컫는 말이기도 해요.

16세기 강대국 포르투갈과 에스파냐

16세기, 신항로 개척의 수혜자인 포르투갈과 에스파냐는 세계 전역의 많은 영토를 차지했어요.

포르투갈 제국

포르투갈은 아프리카 연안과 인도에 해외 상관(외국인이 경영하는 상점)을 배치했고, 그 범위는 인도네시아와 말루쿠 제도까지로 매우 넓었어요. 섬마다 식민지를 건설하기에는 인구가 부족했죠. 왕들은 부왕들을 임명하여 현지 군주로 지내도록 하고 모슬렘에 대항하여 무장했어요.

포르투갈의 마누엘 1세는 '탐험 왕' 뿐만 아니라 정복자요, 에티오피아, 아라비아, 페르시아, 인도를 휩쓴 '무역 왕'이라는 칭호를 받았어요.

향신료 뱃길

리스본에서 인도, 말루쿠 제도까지는 배로 13개월에서 18개월이 걸렸어요. 해상 무역을 위한 선박은 최대한 많은 물품을 실어야 하므로 규모가 커야만 했어요. 리스본에 세워진 인도 본부는 유럽과 동방의 해상 무역 거래를 담당했어요.

에스파냐 제국

16세기 초, 에스파냐는 샤를 퀸트의 통치로 신성 로마 제국의 일부가 돼요. 새 황제는 네덜란드를 계승했고, 1516년에 모든 이탈리아와 아메리카 식민지를 관할했어요. 그는 근대 가장 위대한 왕국의 수장이었죠. 왕국은 너무 넓어 해가 지는 것이 보이지 않을 정도였어요.

서인도

크리스토퍼 콜럼버스가 발견한 대륙과 그의 계승자들이 발견한 아메리카는 다음처럼 왕국 일부로 간주했어요. '새로운 에스파냐'는 멕시코로, '새로운 카스티야'는 페루와 안데스로, '새로운 그라나다'는 콜롬비아와 베네수엘라로 불리게 되었고, 에스파냐 기관이 이들을 통치했어요.

신대륙으로 가는 항로

세비야에서 서인도까지는 배로 한 달이 걸렸고, 선박에 물건을 싣고 되돌아오면 왕복으로 석 달이 걸렸어요. 에스파냐와 식민지 간의 무역은 세비야의 거래소에서 관리했어요.

계속되는 식민지 진출

1580년, 에스파냐의 펠리페 2세가 포르투갈 왕위를 이어받아요. 통합된 두 왕국은 엄청난 단합과 야욕을 품었어요. 영국인들과 네덜란드 인들(1579년 에스파냐에서 독립함)은 향신료 무역 독점을 막으려고 포르투갈 선박과 해외 공관을 습격했어요. 16세기 말, 이들은 마침내 인도네시아에 도착했어요. 포르투갈은 인도의 남서부 고아 지방(1961년 독립)만을 수호할 수 있었죠. 에스파냐는 영국과 바다 위에서 마찰을 빚었는데 1588년에야 전쟁이 끝났어요.

진짜 보물

잉카 제국의 보물을 모두 찾아내려면 에스파냐 사람들에게 석 달이 필요하다는 속설이 있었어요. 6톤에 가까운 금과 12톤의 은을 캐내는 데 시간이 필요하다는 뜻이었죠. 광대한 은 광맥이 1545년 볼리비아, 멕시코, 콜롬비아에서 발견되었어요. 에스파냐 인들은 옛 잉카 제국(페루)의 수은 광맥을 탈취했어요. 금속에서 은을 추출할 때 수은이 사용되었으므로, 사용 가능한 은의 양 역시 엄청나게 증가했어요.

격렬해진 식민지 쟁취

처음부터 위대한 발견은 새로운 무역 시장에 대한 쟁취가 발단 동기였어요. 탐험가들도 부와 명예를 추구했죠. 탐험이 이뤄지면 연이어 다른 탐험선들이 출발했어요. 탐험선에는 군사와 포병대들도 타고 있었어요.

포르투갈의 쟁취

초기에 포르투갈은 아프리카와 아시아 무역을 통제하는 아랍 상인들을 피하고 싶었어요. 포르투갈이 인도에 진입했을 때 이들은 이슬람이 곳곳에 포교되었음을 확인하고 놀라움을 금치 못했어요. 그래서 포르투갈은 무력을 사용하여 이슬람을 경계했어요.

1502~1503년에 2차 인도 원정에서 바스쿠 다가마는 무기를 장착한 23척 선박의 우두머리였어요. 그는 이 무기들로 모슬렘들에게 무력을 행사했죠. 심지어 메카에서 돌아오는 순례자들, 여성들, 아이들을 태운 배를 침몰시키기도 했어요.

1505년, 프란시스쿠 드 알메이다 포르투갈령 인도의 부왕도 그곳에 정착하기 위해서 모슬렘들에게 무력을 행사했어요. 그의 후계자인 아폰수 드 알부케르크는 더욱 강력한 무력을 사용했죠.

에스파냐가 키운 콘키스타도르

1492년, 첫 원정을 앞둔 크리스토퍼 콜럼버스는 찾게 될 영토의 소유권을 자신의 것으로 해 두려고 했어요. 심지어 누군가 살고 있거나 이미 소유자가 있는 땅이더라도 상관없었죠. 콜럼버스와 그의 후계자들은 식민지 개척자였기 때문이에요. 이런 이유로 우리는 그들을 '콘키스타도르(정복자)'라고 부를 수 있어요.

콘키스타도르들은 주로 젊고 가난한 귀족(또는 군인)이었어요. 가장 유명한 인물로는 에르난 코르테스와 피사로가 있는데, 이들은 에스파냐에서 가장 못사는 지방인 에스트레마두라의 소규모 귀족 출신이었어요. 가문의 지난 영광을 되찾기 위해, 그들은 신대륙과 원주민들의 부를 탈취했어요.

1550년은 남아메리카 대륙 정복의 원년이었어요. 식민지 개척 시대가 시작된 거예요. 여기에 참여한 사람들은 16세기 말이 되자 30만 명에 이르렀어요.

> 올여름에 아르바이트 자리… 자, 봅시다. 금을 훔쳐 오려면 인디언들을 학살해야겠네. 할 수 있겠소?

> 네, 알겠습니다.

문명의 파괴

콘키스타도르들이 남아메리카에 발을 들일 무렵에 그곳은 두 문명, 아스테카 문명과 잉카 문명이 지배하고 있었어요. 몇 년이 흘러, 아스테카 왕국과 잉카 제국은 에스파냐의 손아귀에 정복되고 말아요.

아즈텍 족

유목민으로 시작했던 아즈텍 인들은 태평양을 마주한 기다란 연안을 차지하는 멕시코의 북서쪽에 정착했어요. 14세기 그들은 텍스코코 호수의 풍요로운 골짜기에서 테노치티틀란이란 도시를 세웠어요. 이 섬은 기하학적인 운하 조직이 인상적이며 지상에 세워진 커다란 제방, 사원, 황금, 떠다니는 정원 등이 있었어요. 섬에는 20만 명의 원주민이 있었죠(이는 동시대 세비야의 인구보다도 많은 수였음).

아즈텍 족은 우이칠로포크틀리 태양신에게 사람을 희생물로 바쳤어요. 이런 종교적 관습으로 이웃 나라들을 공포에 떨게 했고 다수의 포로가 매년 희생양이 되었어요.

에르난 코르테스(1485~1547)

코르테스는 디에고 벨라스케스 데 쿠에야르(1493년 콜럼버스와 함께 원정에 참여함)의 쿠바 점령에 참여했어요. 쿠바의 새로운 총독 쿠에야르는 1519년 코르테스를 지금의 멕시코로 원정을 보내요. 600명의 원정대가 32필의 말과 10대의 대포를 가지고 그와 동행했죠. 교활하게도, 코르테스는 아즈텍의 적군들과 손을 잡고 3000명의 군대와 대립했어요. 그러나 말과 갑옷을 입고 화기를 두른 에스파냐 인들의 흰 피부와 수염을 보고 아즈텍 족은 이 침략자들을 신으로 착각했어요.

코르테스는 아즈텍 족의 착각을 이용하여 많은 황금을 약탈했고, 제실을 성모 마리아에게 봉헌했어요. 아즈텍 족이 에스파냐 인들이 신이 아닌 사람이라는 사실을 알게 되자, 코르테스는 황제 몬테수마 2세를 인질로 붙잡고 자신을 방어해요. 그러나 아즈텍 족은 결국 반란을 일으켜 1520년 6월 30일 에스파냐 인들을 추방해요. 몬테수마는 싸움 중에 죽게 되죠.

한편, 코르테스는 아즈텍의 적들을 근처에 집결시켜 새로운 군대를 편성해요. 마을이 하나씩 점령되었고 1521년에는 아스테카 왕국도 함락했어요. 테노치티틀란은 멕시코, 즉 새로운 에스파냐의 중심지가 돼요. 이후 남아메리카의 식민화가 본격화되었어요.

잉카 제국과 프란시스코 피사로

잉카 제국은 지금의 페루를 차지하고 있었어요. 1525년까지 매우 강성했지만, 새로운 황제 아타우알파와 그의 이복형제 우아스카르와의 황권 쟁탈전으로 쇠약해졌어요. 프란시스코 피사로는 이때 등장한 수혜자였어요.

탐험가의 아들로 태어난 피사로는 사촌 코르테스처럼 정복자가 되는 꿈을 꾸었어요. 여러 번의 실패를 거쳐, 그는 180여 명의 장정과 37필의 말, 3척의 선박으로 원정대를 꾸렸어요. 그는 잉카 제국의 아타우알파와 대면했고, 그를 포로로 삼았어요. 옛 황제는 진귀한 황금보석으로 자신의 석방을 시도했으나, 피사로는 약속을 어기고 그를 처형했어요. 잉카 제국은 빠르게 몰락했어요. 피사로는 몇 개 마을을 세웠는데, 그중 하나가 현 페루의 수도인 리마예요.

노예 제도의 확립

땅을 경작하고 탄광을 개발하려는, 에스파냐와 포르투갈 식민지 개척자들에게는 값싼 노동력이 필요했어요. 인디언들은 노예가 되었고, 곧이어 아프리카 인들도 비슷한 상황을 겪게 되었죠.

콜럼버스와 노예 제도

두 번째 탐험 때부터 콜럼버스는 노예 제도를 확충했어요. 황금을 찾아내지 못했을 때, 그는 출세를 약속한 에스파냐 인들에게 노예로 보상했어요. 인디언들이 정복자들에 대항하여 반란을 일으켰을 때, 노예 제도는 그러한 반기를 잠재울 수 있는 좋은 수단이었어요.

콜럼버스는 엥코미엔다 제도를 발전시켰어요. 인디언들이 사는 땅에 본국인들이 이바지하고 있으니, 그 대가를 내라는 제도였죠. 이 제도로 지주는 가톨릭으로 개종해야 했고, 수입의 5%를 에스파냐 왕가 금고에 내야 했어요.

인디언 노예 제도는 가톨릭 여왕인 이사벨을 통해 1503년부터 공식적으로 금지되었어요. 여왕은 콜럼버스가 노예처럼 팔기 위해 세비야에 급히 보낸 인디언들을 보고 공포에 질렸어요. 여왕에게 인디언들은 복음화 대상인 에스파냐 사람이었죠. 그래서 노예 제도는 금지되긴 했지만, 사실 인디언들의 삶은 노역을 하는 것과 다르지 않았어요.

라스카사스, 인디언들을 변호하다

콜럼버스와 함께 탐험했던 동료의 아들 바르톨로메 데 라스카사스는 1510년부터 산토도밍고에서 신부로 활동했어요. 그는 엥코미엔다에 복종해야만 하는 인디언들의 신세에 분노하여 에스파냐에서 인디언 변호에 앞장섰어요.

바야돌리드 논쟁

1550~1551년, 학자들이 바야돌리드에서 모여 인디언들을 강압적으로 복음화해야 하는지를 논했어요. 라스카사스는 강압적인 방법은 옳지 않다고 주장했어요. 그의 주요 반론자는 **인문주의자**인 후안 기네스 데 세풀베다였어요. 그는 "지혜롭고 선한 인간이 그렇지 않은 사람들을 지배하는 것은 정의롭고 자연스러운 일"이라고 주장했죠. 에스파냐 왕 샤를 퀸트는 엥코미엔다를 폐지하기로 했으나, 본국인들의 반대에 부딪혀 포기하고 말았어요.

인디언의 멸종

남아메리카의 '인디언'들은 1492년 500만 명 정도 있었어요. 콘키스타도르들의 폭동과 유럽에서 온 질병(천연두, 독감, 홍역, 티푸스, 백일해 등)으로 지방마다 60~90%의 인구가 사망했어요.

무슨 뜻일까요?

인문주의자란 학술 연구와 성찰 분야에서 지식을 발전시켜 나가는 학자를 말해요. 이들은 사람이 깨어 있다면 더 나은 사람이 될 수 있다고 생각해요. 세풀베다는 그래서 인디언들이 더 나아지려면 에스파냐 사람들의 삶의 방식을 받아들여야 한다고 생각했어요.

아프리카인들의 여정

인디언들이 멸종했지만, 신대륙에는 다수의 노동력이 필요한 작물(사탕수수, 커피, 목화)이 보급되었고, 이를 위해 아프리카 노예들이 신대륙으로 이동하게 되었어요.

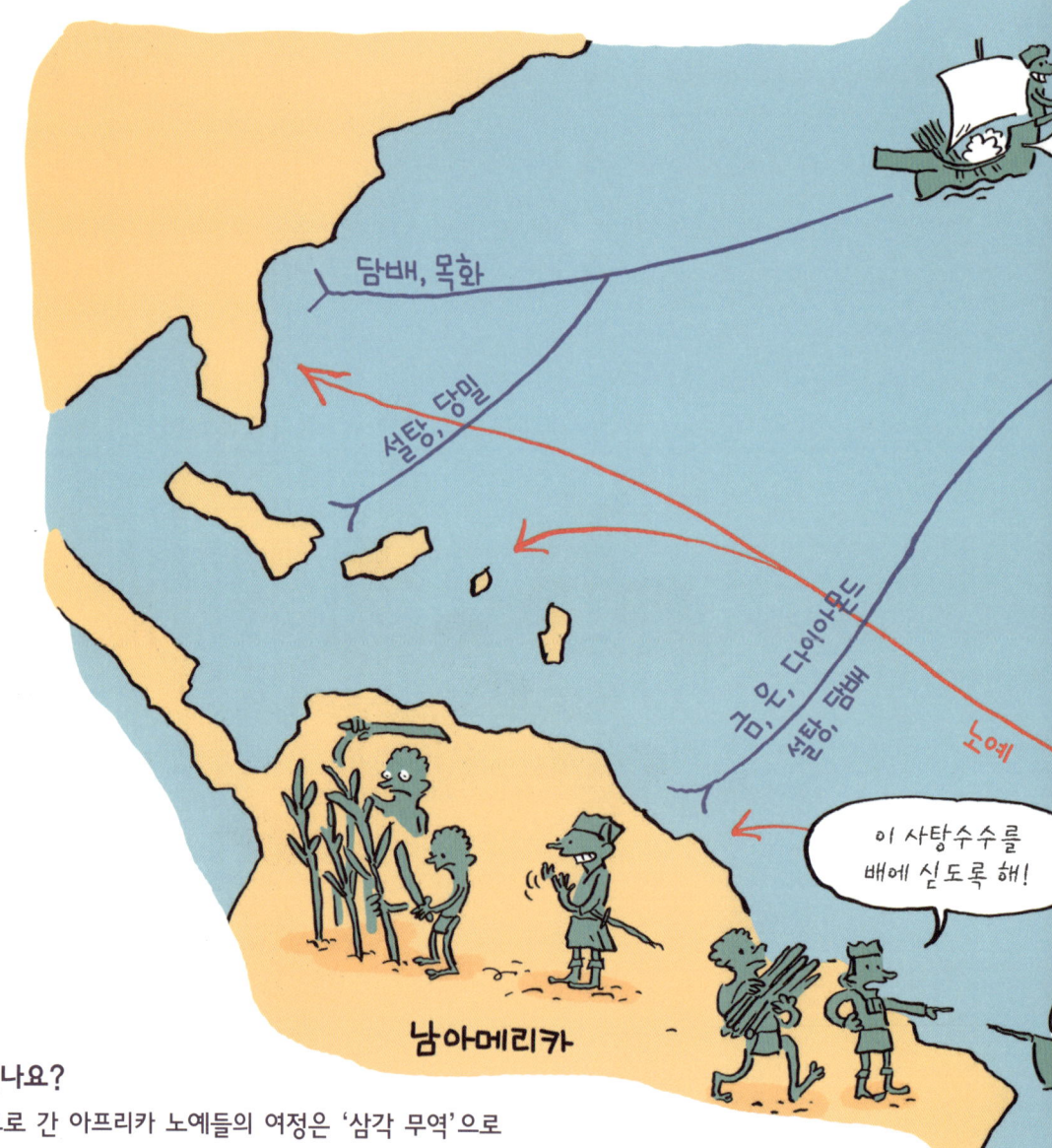

알고 있나요?
신대륙으로 간 아프리카 노예들의 여정은 '삼각 무역'으로
요약할 수 있어요. 교역이 세 개의 대륙을 사이에 두고 삼각형처럼 진행되었기
때문이에요. 선박이 가공품(기계, 직물 등)을 싣고 유럽 항구를 출발해 아프리카 연안에 도착하면, 물건을 노예들과 맞바꿨어요. 노예를 태운 선박은 대서양을 건너 남아메리카로, 앤틸리스 제도로, 북아메리카로 향했어요. 도착지에서 노예들은 유럽인들에게 팔렸고, 그 대가로 물건(커피, 목화, 설탕, 담배)을 받았어요.

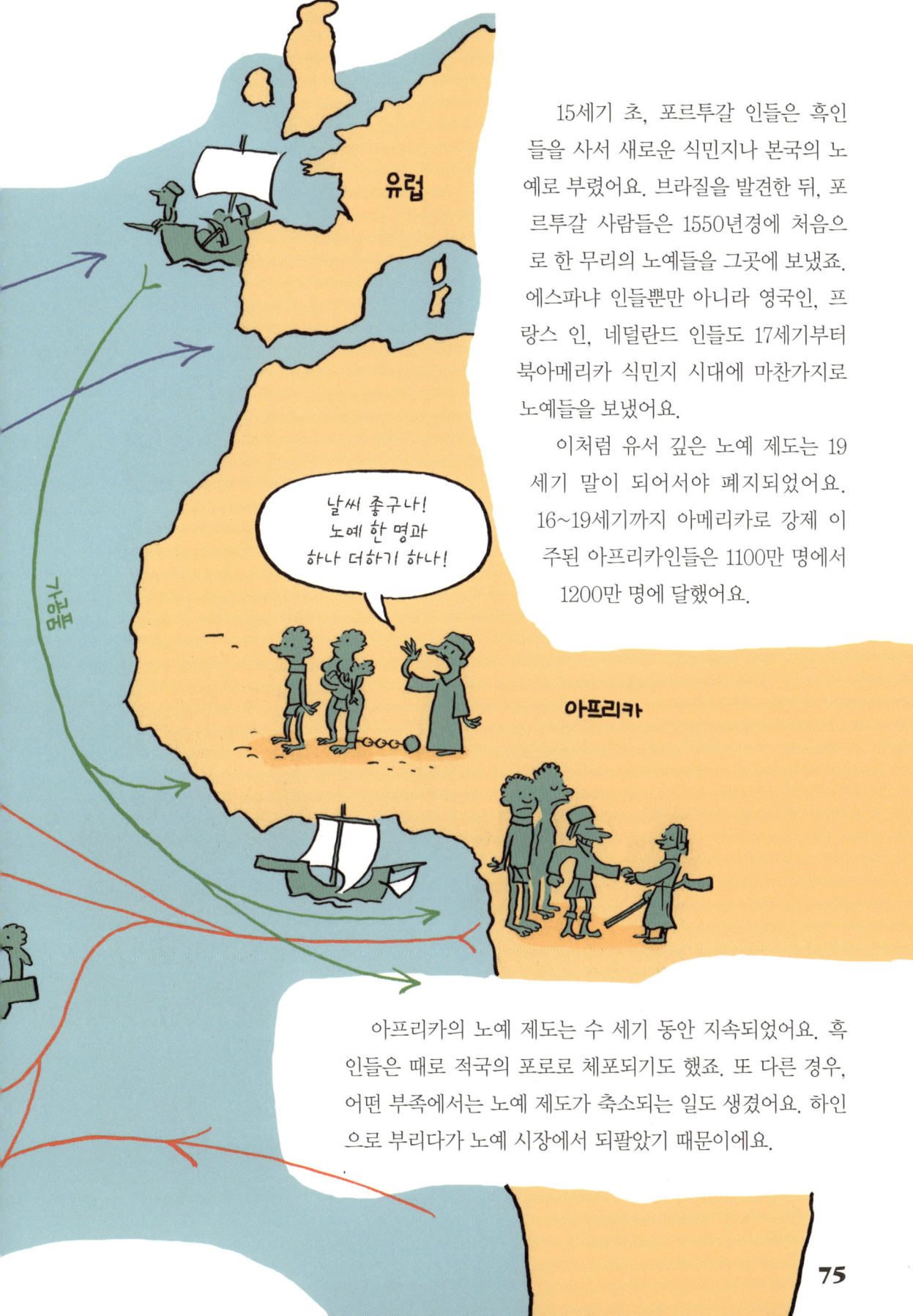

15세기 초, 포르투갈 인들은 흑인들을 사서 새로운 식민지나 본국의 노예로 부렸어요. 브라질을 발견한 뒤, 포르투갈 사람들은 1550년경에 처음으로 한 무리의 노예들을 그곳에 보냈죠. 에스파냐 인들뿐만 아니라 영국인, 프랑스 인, 네덜란드 인들도 17세기부터 북아메리카 식민지 시대에 마찬가지로 노예들을 보냈어요.

이처럼 유서 깊은 노예 제도는 19세기 말이 되어서야 폐지되었어요. 16~19세기까지 아메리카로 강제 이주된 아프리카인들은 1100만 명에서 1200만 명에 달했어요.

아프리카의 노예 제도는 수 세기 동안 지속되었어요. 흑인들은 때로 적국의 포로로 체포되기도 했죠. 또 다른 경우, 어떤 부족에서는 노예 제도가 축소되는 일도 생겼어요. 하인으로 부리다가 노예 시장에서 되팔았기 때문이에요.

변모하는 유럽

위대한 발견 이후 유럽 역시 변화했어요. 동방과의 무역은 베네치아와 제노바에 앞서 부를 가져다주었어요. 이제 유럽 전역은 공평한 방법이 항상 아니더라도 수혜를 입는 쪽이 되었죠.

열 배의 수익을 남기는 물물 교환

에스파냐와 포르투갈은 유럽의 강대국이 되었지만, 그 기간은 오래가지 못했어요. 산업이 덜 발달해 자국의 식민지를 정비하기 위한 물품을 다른 유럽에서 구해야만 했기 때문이에요. 기계, 무기와 금속 제품, 고급 직물과 섬유 등이 그 예였죠. 물품들은 각 항구를 통해 순환되었어요. 리스본은 향신료의 항구로 알려졌고, 세비야는 신대륙의 금과 은을 담당했으며, (현 벨기에에 있는) 안트베르펜은 유럽의 중심부였으므로 (무역의) 교차로 역할을 해냈어요.

새로운 경제관념

15세기가 되자, 이탈리아 인들의 지중해 무역이 위기를 맞아요. 오스만 튀르크 족(소아시아의 서북 변경에 살던 유목 민족)이 지중해를 장악하고 그들의 지위를 공격했기 때문이에요. 동방과의 무역으로 앞서 부를 거머쥔 제노바 상인들은 아프리카 연안을 발견하고 신항로 개척을 위해 출발하는 포르투갈 선박에서 내기를 걸었어요. 홀로 여행하면서 수중의 돈을 잃느니 서로 협력하여 위험을 줄이려는 의도였죠.

그러나 위험은 곳곳에 있었어요. 이에 상인들은 모든 재산을 잃을 것을 염려했고, 그래서 보험 제도가 발전했어요. 모든 경제 활동에도 변화의 바람이 불어왔어요. 회계, **차용 증서**, **대출**, **투기** 등이 널리 퍼졌어요.

무슨 뜻일까요?

차용 증서란, 어떤 사람이 얼마의 돈을 정해진 날짜에 갚을 것을 정하여 문서로 만든 거예요. 은이나 금으로 빚을 갚는 것은 피해야 했어요. 그게 무게도 덜 나가고 잃어버릴 염려도 적기 때문이에요!

대출이라는 것은 돈을 빌리는 거예요. 돈을 빌린 채무자는 정해진 날짜에, 은행이나 채권자에게 돈을 갚아야 해요. 채무자는 돈을 갚을 때 원금과 함께 추가적인 사례금(이자)을 내야 해요.

투기란, 시장의 변화를 예견하고, 매출과 매입을 통해 결과적으로 이득을 보기 위한 행동을 뜻해요. 예를 들어, 여름철 우기에 투기꾼은 밀을 비축하는데, 왜냐하면 밀 수확이 줄어들고 밀값이 폭등할 것을 알고 있기 때문이에요.

물가 상승

신대륙에서 금과 은이 대량 유입되었고 물가가 상승했어요. 빵과 고기, 다른 생필품도 3배에서 9배까지 폭등했죠. 그러나 급료는 오르지 않았어요. 여러 민란과 파업이 발발하는데, 1539년 프랑스 리옹 인쇄공들의 파업을 예로 들 수 있어요.

귀족은 들판에, 부르주아는 도시에

귀족 계급은 부르주아(성안에 살던 상인들)에 대해 영향력을 상실했어요. 백년 전쟁과 같은 끔찍한 전쟁에서 많은 사람이 죽었고, 귀족 대부분은 상인들보다 가난해졌어요. 이들의 유일한 수입원은 땅에서 나는 것들이었는데, 상업보다 발전도 더뎠어요. 그런데도, 같은 시기 귀족들은 유행하는 향신료와 비단 같은 새로운 제품들을 사들이는 데 여념이 없었죠. 결국 그들은 많은 빚을 떠안게 되었어요. 게다가 대부분의 콘키스타도르들은 무일푼에 일확천금을 노리는 젊은 귀족들이었죠.

새로운 풍경

신대륙이 가져다준 문화로 풍경의 변화를 들 수 있어요. 옥수수와 감자는 오래지 않아 유럽 전역에서 재배되었죠. 생산력이 뛰어난 이런 품종 덕택에 기근에서 벗어날 수 있었어요. 옥수수 낱알을 심어 거두면, 수확량이 밀보다 적어도 열 배를 넘었기 때문이에요!

유럽의 상인들

위대한 발견은 교역의 증가를 가져왔고, 이는 상인과 자산가들의 증가로 이어졌어요. 위대한 자산가들의 영향력이 커졌으며, 사회 전체를 변혁시키기도 했어요.

막대한 자산

메디치 가문(피렌체 출신)이나 푸거 가문(아우크스부르크 출신)처럼 몇몇 가문은 막대한 자산을 형성했어요. 푸거 집안의 역사는 직조공 한스와 함께 1370년대로 거슬러 올라가요. 그의 아들과 손자들은 동방의 향신료와 비단 무역에 투자하여 큰 성공을 거두었어요.

1473년부터 푸거 집안은 황제에게 돈을 빌려주고 받았으며, 그 대가로 독일의 은 무역 독점과 특히 헝가리의 주요 탄광을 독점했어요. '부자 야콥' 후계자는 새로운 기술에 금전을 투입했으며, 당시 백만장자 가운데 한 사람으로 등극했어요.

돈으로 왕좌를 만들다

신성 로마 제국의 황제 막시밀리안 1세가 1519년 사망하자, 그의 손자 샤를이 소유를 이어받았어요. 그러나 황제의 칭호를 얻기 위해서는 그가 황제로 선발되어야 했어요. 프랑스 국왕 프랑수아 1세 역시 이 선거에 출마했고, 그가 우승 후보였죠.

야콥 푸거는 7명의 선제후(신성 로마 제국에서 1356년에 황금문서에 의하여 독일 황제의 선거권을 가졌던 일곱 사람의 제후)들의 표를 사게 돼요. 그것은 무려 80만 플로린(13세기 피렌체 금화, 피렌체 금화를 모방하여 프랑스를 비롯한 유럽 여러 나라에서 사용하던 화폐)의 거금을 들인 결과였어요.

결국 1519년 6월 28일 샤를이 선거에서 승리했고, 샤를 퀸트라는 이름으로 황제에 등극해요. 그의 할아버지처럼, 샤를 퀸트는 야콥 푸거에게 "왕은 권력을 갖지만 그걸 만드는 것은 돈"이라고 털어놓았어요.

알고 있나요?

거부였던 메디치 가문은 프랑스에 두 명의 여왕을 배출해요. 카트린 드메디시스는 미래의 앙리 2세와 1533년 결혼했고, 마리 드 메디시스는 1600년에 결혼하여 뒤에 앙리 4세의 부인이 돼요. 이들 결혼에 막대한 지참금이 들어간 것은 당연한 일이었어요.

르네상스와 부르주아

메디치나 푸거같이 부유한 상인 가문들은 사치스러운 궁전을 건축하고 예술가들을 동원해 꾸몄어요. 르네상스 시대 레오나르도 다빈치와 미켈란젤로, 라파엘로, 티치아노 등이 대표적 화가예요. 이때 예술가들은 고대 그리스·로마 시대의 작품을 모사하기도 했고, 인본주의가 확산하는 데에도 일조했어요. 인본주의가 상인들의 마음에 든 이유는 출생이나 과거가 아닌 사람의 자질에 초점을 두어 칭송했기 때문이에요. 그 탓에 무명의 사람들이 예술 작품의 주제가 되었어요. 예를 들면 레오나르도 다빈치가 그린 모나리자 또는 라 조콘다(조콘다의 부인)는 부유한 상인의 부인으로 알려져 있어요.

위대한 발견과 종교의 위기

위대한 발견은 유럽 전역, 특히 프랑스의 16세기 종교 전쟁 발발에 간접적인 영향을 주었어요. 황금과 은의 유입에 이어 사회 여러 분야의 타락이 목격되었으며, 교회도 다르지 않았어요. 푸거와 같은 자산가의 모략으로 교회는 종이쪽지를 사면 죄를 용서해 준다는 면죄부를 발행하여 거래했죠. 결국 1517년 10월 31일, 마틴 루터는 비텐베르크 성당 정문에 '95개 조 반박문'을 게시했어요. 이것이 종교 개혁의 시발점이 되었으며, 교회의 타락에 저항하여 루터파의 신앙 선언이 이루어졌어요.

알고 있나요?

종교 개혁은 프로테스탄트(신교도)들의 항의로 일어난 운동이에요. 1517년 수도사 마틴 루터가 시작한 이 운동은 부패한 가톨릭 성직자들을 해임하면서 기독교의 근원으로 돌아가자는 기원을 담고 있어요. 이 운동으로 16세기, 특히 프랑스에 수많은 갈등이 야기되었어요.

〈위대한 발견의 진실〉 관련 퀴즈

1. 신항로 개척을 '위대한 발견'이라고 하는 이유는 무엇일까요?
 a. 유럽과 아메리카의 거리가 멀기 때문에
 b. 이전에 이뤄지지 못한 가장 위대한 일이기 때문에
 c. 19세기 과학의 발견과 혼동을 피하기 위해

2. 위대한 발견으로 세계는 몇 배나 더 넓어졌을까요?
 a. 4배
 b. 10배
 c. 100배

3. 대부분의 위대한 발견은 무엇으로 이뤄졌을까요?
 a. 걸어서
 b. 낙타를 타고
 c. 배를 통해서

4. 위대한 발견이 있기 전에, 사람들은 지구가 평평하다고 믿었어요.
 a. 그렇다.
 b. 아니다.

5. 마르코 폴로는 누구인가요?
 a. 아메리카를 발견한 사람
 b. 달을 걸어 다닌 사람
 c. 중국까지 여행을 떠난 사람

6. 아틀란티스는 무엇입니까?
 a. 신화에 나오는 섬
 b. 전설의 바다
 c. 바다의 유령

7. 위대한 발견에 처음으로 참여한 사람들은 누구입니까?

　　a. 영국인과 프랑스 인

　　b. 포르투갈 인과 에스파냐 인

　　c. 네덜란드 인과 독일인

8. 왜 유럽인들이 위대한 발견에 뛰어들었을까요?

　　a. 인도로 가는 교역로를 찾기 위해

　　b. 아프리카에서 황금을 찾기 위해

　　c. 태양을 찾아 휴가를 떠나기 위해

9. 항해 왕자 엔리케는

　　a. 최초의 탐험대에 돈을 지원했어요.

　　b. 아시아까지 첫 탐험에 참여했어요.

　　c. 선원 카드를 만들어냈어요.

10. 탐험 선박을 무엇이라고 부르나요?

　　a. 거북선

　　b. 뗏목

　　c. 캐러벨

11. 비타민 C가 부족한 선원들이 걸리는 병의 이름은?

　　a. 괴혈병

　　b. 매독

　　c. 바다 멀미

85

12. 위도란 무엇인가요?
   a. 지구의 동서를 가르는 선
   b. 지구의 남북을 가르는 선
   c. 남반구에 위치하는 선

13. 희망봉의 원래 이름은?
   a. 공포의 곶
   b. 빈민의 곶
   c. 폭풍의 곶

14. 아프리카를 돌아서 최초로 인도에 간 포르투갈 사람은?
   a. 바스쿠 다가마
   b. 바르톨로메우 디아스
   c. 페르디난드 마젤란

15. 1492년 크리스토퍼 콜럼버스와 떠난 배 3척의 이름은?
   a. 산안토니오, 콘셉시온, 마젤란
   b. 핀타, 니냐, 산타마리아
   c. 빅토리아, 산티아고, 트리니다드

16. 아즈텍 족을 섬멸한 정복자는?
   a. 에르난 코르테스
   b. 프란시스코 피사로
   c. 바르톨로메 데 라스카사스

정답

1-c 2-a 3-c 4-b 5-c 6-a 7-b 8-a와 b 9-a
10-c 11-a 12-b 13-c 14-a 15-b 16-a